PLAN SELVA

ÍNDICE
CONTENTS

SIN PRECEDENTES
WITHOUT PRECEDENT
JAIME SAAVEDRA CHANDUVÍ
p. 10

EL PLAN SELVA, CIUDADANÍA Y ARQUITECTURA
PLAN SELVA: CITIZENSHIP AND ARCHITECTURE
PAULO DAM
p. 12

DESDE LA AMAZONÍA: AMPLIFICAR EL TERRITORIO DE LA ARQUITECTURA
FROM THE AMAZON: EXPANDING ARCHITECTURE'S TERRITORY
ELIZABETH AÑAÑOS
p. 20

MIRANDO AL SUR: ELOGIO DE UNA ESTRATEGIA ARQUITECTÓNICA EN LA AMAZONÍA PERUANA
LOOKING SOUTH: PRAISE FOR AN ARCHITECTURAL STRATEGY IN THE PERUVIAN AMAZON
ATXU AMANN Y ALCOCER
p. 36

DE PLANEAR LA SELVA AL PLAN SELVA, O SOBRE UNA ARQUITECTURA CONTINGENTE
FROM PLANNING THE JUNGLE TO THE PLAN SELVA OR ON A CONTINGENT ARCHITECTURE
CAMILO RESTREPO
p. 50

EL PLAN SELVA O LA SUPERACIÓN DE LA MODERNIDAD
PLAN SELVA, OR OVERCOMING MODERNITY
LUIS RODRÍGUEZ RIVERO
p. 64

COMUNAL: ESTRATEGIA DE APOYO Y PARTICIPACIÓN COMUNITARIA

COMUNAL: COMMUNITY SUPPORT AND PARTICIPATION STRATEGY

DAISUKE IZUMI + KAREL VAN OORDT

p. 84

BRIGADAS EN FRONTERA (BeF)

BRIGADAS EN FRONTERA (BeF)

MIGUEL CHÁVEZ CORNEJO

p. 96

UNA SECCIÓN DEL PROYECTO

ONE SECTION OF THE PROJECT

SEBASTIÁN CILLÓNIZ + JOSÉ LUIS VILLANUEVA

p. 112

SISTEMA PREFABRICADO MODULAR

PREFABRICATED MODULAR SYSTEM

GINO FERNÁNDEZ

p. 120

ESCUELAS

SCHOOLS

p. 128

MÓDULOS Y CONECTORES

MODULES AND CONNECTORS

p. 168

NUESTRO FRENTE AMAZÓNICO

OUR AMAZON FRONTLINE

JEAN PIERRE CROUSSE

p. 192

AGRADECIMIENTOS

ACKNOWLEDGMENTS

ELIZABETH AÑAÑOS

p. 204

SIN PRECEDENTES
WITHOUT PRECEDENT
JAIME SAAVEDRA CHANDUVÍ

Texto publicado para el pabellón peruano "Reportando desde el frente" en la XV Bienal de Arquitectura de Venecia, 2016

Text published for the Peruvian pavilion Our Amazon Frontline on the 15th International Architecture Exhibition in Venice, 2016

Jaime Saavedra Chanduví. Director of Human Development for Latin America and the Caribbean at The World Bank, where he has been Global Director of Education and Global Director of Poverty Reduction. Board member of Teach For All and the International Institute of Education Planning. Between 2013 and 2016 he was Minister of Education of Peru. He holds a PhD in Economics from Columbia University.

Jaime Saavedra Chanduví. Director de Desarrollo Humano para América Latina y el Caribe del Banco Mundial, lideró la Práctica Global de Educación de la institución y fue director global de Reducción de la Pobreza y Equidad. Actualmente es miembro de la junta de Teach for All del Panel Asesor de Evidencia de Educación Global. Entre 2013 y 2016 se desempeñó como ministro de Educación del Perú. Tiene un doctorado en economía de la Universidad de Columbia.

A developed country needs quality education. Despite recent progress, education in Peru has been far from achieving this goal. Not all Peruvians have access to decent education: place of birth, family finances, and native language all have a significant impact on life opportunities. This reality is even starker in Peru's jungle communities, where education levels are dramatically lower than elsewhere in the country. This must change. And it will change.

To alter this reality, we promoted an education reform program based on four main actions: reevaluating the teaching profession, improving the quality of learning, managing the school system effectively, and closing the gap in education infrastructure. These initiatives were aimed at building a country of equal opportunities, where "equal opportunities" does not mean one-size-fits-all solution but a service tailored to people's needs. In the case of infrastructure for example, this meant Peruvian students needed to be taught in environments suited to their particular geographical location, climate, and cultural setting, where they were motivated, comfortable, and most importantly, happy.

Students in the most remote and disadvantaged areas with the fewest opportunities have the right as citizens to receive the services they need. This is also the duty of the state. Plan Selva was our strategy to provide more and better services for those to whom we owe this debt.

Building a developed country requires an unprecedented effort. We are firmly committed to this task, and we worked on it for years.

Una educación de calidad es la clave para ser un país desarrollado. A pesar de los avances que se han observado en los últimos años, la educación en el Perú aún está muy lejos del lugar donde debería estar. No todos los peruanos tienen la oportunidad de acceder a una educación de calidad. Todavía el lugar de nacimiento, los recursos económicos de tus padres y la lengua materna en la que aprendiste a hablar son factores que influyen de manera significativa en las oportunidades que vas a tener en la vida. Esta realidad es aún más visible en la región de la Selva, donde los niveles de aprendizaje son dramáticamente menores que en el resto del país. Esto tiene que cambiar. Y va a cambiar.

Para lograrlo, en su momento impulsamos una Reforma Educativa basada en cuatro líneas de acción: la revalorización de la carrera docente; la mejora de los aprendizajes; una gestión eficaz del sistema escolar, y la reducción de la brecha de infraestructura educativa. Así, apuntábamos a construir un país con igualdad de oportunidades, donde "igualdad de oportunidades" no significa darle a todos el mismo servicio, sino a cada quien el servicio que requiere. En el caso de la infraestructura, por ejemplo, implicó que nuestros estudiantes se encontraran en ambientes que tomen en cuenta las condiciones geográficas, climáticas y culturales de donde viven. Ambientes en los que pudieran estudiar motivados, cómodos, y lo más importante, felices.

Llegar a aquellos estudiantes que están en las zonas más alejadas, más pobres y con menos oportunidades, con el servicio que requieren, es su derecho como ciudadanos. También es una obligación del Estado. Teníamos una estrategia, el Plan Selva, que nos permitió llegar más y mejor a aquellos con quienes tenemos una deuda.

Construir un país desarrollado requiere un esfuerzo sin precedentes. Esa es nuestra obsesión y en eso trabajamos durante estos años.

EL PLAN SELVA, CIUDADANÍA Y ARQUITECTURA

PLAN SELVA: CITIZENSHIP AND ARCHITECTURE

PAULO DAM

Paulo Dam. PhD in Architecture from the Catholic University of Louvain and professor of design and theory at the Pontifical Catholic University of Peru (PUCP). Currently dean of the Faculty of Architecture and Urbanism of the PUCP, curator of projects that relate art, architecture and thought, and coordinator of the project Transversal: Acciones de Integración del Territorio Peruano. He has published, as co-author, *Post-Ilusiones. New Visiones. Arte crítico en Lima (1980-2006)* (Lima, Fundación Wiese, 2007) and *Modelando el mundo. Imágenes de la arquitectura precolombina* (Lima, Museo de Arte de Lima, 2011). Editor of *Lacan. Arquitectura* (Lima, PUCP, 2009).

Paulo Dam. Doctor en arquitectura por la Universidad Católica de Lovaina y profesor de la Pontificia Universidad Católica del Perú (PUCP) en el área de diseño y teoría. Actualmente es el decano de la Facultad de Arquitectura y Urbanismo de la PUCP, curador de proyectos que relacionan arte, arquitectura y pensamiento, y coordinador del proyecto Transversal: Acciones de Integración del Territorio Peruano. Ha publicado, como coautor, *Post-Ilusiones. Nuevas visiones. Arte crítico en Lima (1980-2006)* (Lima, Fundación Wiese, 2007) y *Modelando el mundo. Imágenes de la arquitectura precolombina* (Lima, Museo de Arte de Lima, 2011). Es el editor del libro *Lacan. Arquitectura* (Lima, PUCP, 2009).

Museo Nacional del Perú (MUNA), Leonmarcial Arquitectos, 2021.

National Museum of Peru (MUNA), Leonmarcial Arquitectos, 2021.

In 2024, Peru will conclude its series of celebrations marking 200 years of independence from Spain. Dozens of books and hundreds of new articles refer to the historical processes that sparked the independence movement, thus repositioning the debate on republican ideals and their relevance, or crisis, in Peru today.[1] Unlike the celebratory spirit of the events that marked the first 100 years of independence, no new monuments have been erected across country's cities, no new boulevards created in honor of some hero, and no large-scale infrastructure or cultural projects inaugurated. This 200th anniversary has arrived at a time of political and social unrest, with a crisis of representation and mistrust in the state contrasting with the now-fading enthusiasm of the recent years of economic growth. The Covid-19 pandemic of course worsened the situation; it exposed the fragility of our institutions, as well as the normalized inequality in access to healthcare, to education, and even to something as basic for some as a refrigerator. Of course, stories about solidarity and individual and collective heroism abounded, but unlike in other crises, such as the cholera outbreak, when a problem brought us together in a positive way, this one left us staring into a void.

On the subject of the bicentenary and architecture, I would like to mention some projects that have been major achievements in themselves but that have also revealed some delays and unfinished business in the

En 2024 cierra el ciclo en el que Perú celebra 200 años de su independencia de España. Decenas de libros y cientos de artículos nuevos refieren los procesos históricos que desencadenaron las gestas emancipadoras, y de esta manera han recolocado el debate sobre los ideales republicanos y su vigencia, o crisis, en el Perú de hoy.[1] A diferencia del espíritu celebratorio de las fiestas de hace 100 años, las ciudades del país no se han llenado de monumentos ni han sido trazadas nuevas avenidas para honrar a algún héroe, tampoco serán inaugurados proyectos de gran envergadura infraestructural o cultural. Los 200 años nos sorprenden, en cambio, en un momento de inestabilidad política y social, con una crisis de representación y desconfianza en el Estado que contrasta con el entusiasmo, ahora frágil, de los últimos años de crecimiento económico. Por supuesto, la crisis por el covid-19 no simplificó la situación; por el contrario, desnudó nuestra fragilidad institucional, así como la desigualdad, tan normalizada, en el acceso a la educación y la salud, e incluso a algo tan cotidiano para algunos como lo es una refrigeradora. No faltaron, por supuesto, historias de solidaridad y heroicidad individual y colectiva, pero a diferencia de otras crisis, como la del cólera, en la que un problema nos unió en lo mejor, ésta nos ha dejado la constatación de un vacío.

Pensando en el bicentenario y la arquitectura, me gustaría mencionar algunos proyectos que fueron grandes logros, pero que

Lugar de la Memoria,
Barclay & Crousse, 2015.

Place of Remembrance,
Barclay & Crousse, 2015.

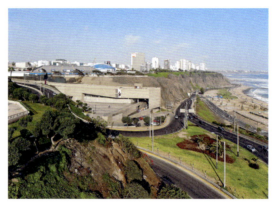

republican promise and construction of citizenship. Three of them are restricted to Lima, and another has a national scope: a plan for the whole city; a historically richer representation of the city; the promise and possibility implied by an architecture competition; and of course, education and school infrastructure as a consensual national goal.

Olivier Perrottet (Basel, 1949 – Lima, 2018) arrived in Peru in 1970. At the height of the frenetic regime of the Revolutionary Government of the Armed Forces and during a time of rapid urban transformation, Perrottet was impressed by the city's dynamism and at the same time surprised by the difficulties of orienting oneself within it. Therefore, he published the first "Transportation Guide to Lima" (1975) and the first "Wall Map of Metropolitan Lima" (1977), including all the suburban housing settlements. At that time, after 150 years of independence, a map could still reproduce a logic that identified what was included and what was left out, that marked out areas of citizenship and areas that the public administration had abandoned and for which it assumed no responsibility. In order to carry out these projects, the young Perrottet taught himself how to make maps and approached his task with the utmost technical precision and professionalism. In 1980, he founded the publishing house Lima 2000 and from then on provided the inhabitants of Lima a representation of their city and an instrument making use of it. Both

evidenciaron también algunos de los retrasos y pendientes de la promesa republicana y la construcción de ciudadanía. Tres de ellos están limitados al contexto de Lima y otro es de alcance nacional: un plano para la ciudad entera; un relato de la ciudad con mayor espesor histórico; la promesa y la posibilidad que implica un concurso de arquitectura, y por supuesto, la educación y su infraestructura como un horizonte de acuerdo nacional.

En 1970 llegó a Perú Olivier Perrottet (Basilea, 1949 - Lima, 2018). En medio de la efervescencia del Gobierno Revolucionario de las Fuerzas Armadas y las aceleradas transformaciones urbanas, Perrottet quedó impresionado por las dinámicas de la ciudad y a la vez sorprendido por las dificultades para orientarse en ella. Así, en 1975 publicó la primera "Guía de transportes de Lima Metropolitana" y en 1977 el primer "Plano mural de Lima Metropolitana", en el que se incluyen todos los asentamientos de la periferia —hasta esa fecha, pasado el sesquicentenario de la independencia, un plano aún podía reproducir una lógica que identificaba incluidos y excluidos, que marcaba zonas de ciudadanía y porciones de abandono de la gestión y la responsabilidad pública—. Para llevar a cabo estos proyectos, el joven Perrottet se enseñó a sí mismo a hacer un plano y procedió a llevar este oficio al máximo nivel técnico y profesional en el país. En 1980 fundó la empresa editorial Lima 2000 y desde ese momento puso en manos de los

maps, rightfully celebrated as achievements and signs of progress, at the same time bear witness to the decades (and centuries) in which large swathes of the population remained largely invisible.

On January 18, 2010, coinciding with the celebration of the anniversary of the founding of Lima by Spanish colonizers, Javier Lizarzaburu launched the Lima Milenaria campaign. In his own words: "My two main goals were for Lima to tell a clear story: a territory with an architectural continuity stretching back 4,000 years [.]; and to challenge—through its [pre-Hispanic] heritage—centuries of racial discrimination, which had made such an impact on its citizens' lives".[2] The campaign was a success. It grew from its digital platform to become part of *El Comercio* newspaper, and within only a few years it began to make real progress. For example, the mayor's office of Lima declared Lima as Ciudad Milenaria in 2012, by recognizing the historical depth of its continuous construction going back at least 4,000 years. Likewise, the Ministry of Culture invested in the recovery of some of the city's more than 400 archeological sites. In 2019, a section of the Surco canal was listed as a National Heritage Site, following the Canales de Lima campaign, promoted in 2016, again by Lizarzaburu. Today, thanks to the work of specialist historians and architects, we know that many of the city's parks are still irrigated by a vast network of pre-Hispanic canals. It is also thanks to them that we can share a narrative with continuity over time, based on building upon buildings (forgive the repetition), and on the cultures and actors found along the way in the territory, contributing at every turn to what we are today. This is a change of perspective that allows us to tell the story of the city's past and future in a fairer way, forcing us to question past structures and how these have shaped how we perceive ourselves as a society.

limeños una representación de su ciudad y un instrumento para practicarla. Ambos planos, celebrados con justicia como logros y avances, son a la vez un testimonio de las décadas —los siglos— en que la invisibilización de sectores importantes de la población era un hecho generalizado.

El 18 de enero de 2010, en coincidencia con la celebración del aniversario de la fundación española de Lima, Javier Lizarzaburu lanzó la campaña Lima Milenaria. En sus propias palabras: "mis dos objetivos principales eran que Lima tuviera un cuento claro: un territorio con una continuidad arquitectónica de más de 4 000 años [.]; y enfrentar —desde el patrimonio [de su herencia prehispánica]— siglos de discriminación racial, que tanto había afectado las dinámicas ciudadanas".[2] La campaña fue un éxito. De su plataforma digital se expandió al diario *El Comercio* y en pocos años ya mostraba numerosos logros. Por ejemplo, la Oficina del alcalde de Lima Metropolitana declaró Ciudad Milenaria a Lima en 2012, al reconocer que el espesor histórico de construcción continua del territorio tiene al menos 4 000 años. Del mismo modo, desde el Ministerio de Cultura se invirtió en la recuperación de algunos de los más de 400 sitios arqueológicos de la ciudad. En 2019, una sección del canal Surco fue declarada Patrimonio Cultural de la Nación, luego de la campaña Canales de Lima, promovida en 2016 por el mismo Lizarzaburu. Hoy, gracias a la labor de historiadores especialistas y arquitectos, sabemos que buena parte de los parques de la ciudad aún son regados por una extensa red de canales prehispánicos. También gracias a ellos podemos compartir una narrativa con continuidad en el tiempo, en torno a la construcción sobre la construcción de Lima —valga la redundancia—; en torno a las culturas y los actores que se fueron encontrando en el territorio, y que en cada ocasión sumaron a lo que hoy en día somos. Se trata de un cambio de perspectiva que

Museo Nacional del Perú (MUNA), Leonmarcial Arquitectos, 2021.

National Museum of Peru (MUNA), Leonmarcial Arquitectos, 2021.

Architecture projects lead us to reflect on those cases where a positive outcome sheds light on the existence and extent of a void in the construction of a healthy city, state, and population. The Place of Remembrance and the National Museum of Peru projects share the exceptional status as representative buildings that emerged from a competition, in a legal context in which architecture competitions were outside the state's remit. It is an incredible, paradoxical yet symptomatic situation in which to understand the role of culture in society; or, rather, how, at the level of government, we can deny one of the forms of citizen participation in the construction of the public space that surrounds us.

Plan Selva came into existence in 2015 as part of this complex framework of state involvement. Supported by the Ministry of Education, this initiative aimed to close the education infrastructure gap in the Peruvian Amazon region. The design team conceived a "replicable, scalable, flexible, and high-quality project" to bring education to the most isolated rural areas in the country. In just a few years, they built 70 schools. The team was made up of young architects[3] who overcame the bureaucratic obstacles of conventional public infrastructure projects with surprising creativity, by introducing elements such as furniture. This strategy was effective for a design that had to face the difficulties of transporting building materials in the Amazon region. Plan

permite narrar el pasado y el futuro de la ciudad de manera más justa, que nos obliga a cuestionar las estructuras anteriores y la manera en que éstas han modelado la forma en que nos percibimos como sociedad.

El ámbito de los proyectos de arquitectura nos lleva a reflexionar sobre esos casos en los que un resultado positivo ilumina la existencia y la escala de un vacío en la construcción de una sociedad, un Estado y una ciudadanía sanos. Los proyectos del Lugar de la Memoria y el Museo Nacional del Perú comparten la condición excepcional de ser edificios representativos, levantados luego de un concurso, en un contexto legal en el que los concursos de arquitectura estaban fuera del espectro de lo posible para el Estado. Es una situación increíble, paradójica, pero sintomática de la manera en que entendemos el lugar de la cultura en la sociedad; o más bien, de cómo desde el Estado negamos una de las formas de participación ciudadana para la construcción de lo público en los entornos en que vivimos.

En este marco de dificultades para la acción estatal, en 2015 apareció el Plan Selva. Impulsado desde el Ministerio de Educación, el proyecto se planteaba la reducción de la brecha de infraestructura educativa en la Amazonía peruana. El equipo encargado del diseño concibió un proyecto "replicable, escalable, flexible y de calidad" para llevar el servicio de educación a las zonas rurales más remotas del país. En pocos años se

Selva succeeded on various levels; the architecture community— so often riven by individualistic professional rivalries—enthusiastically embraced the project. The possibility of finding within the state a channel of positive action for architecture and for infrastructure design energized the younger generations, who participated in the project as government officials. It was a solid consensus that made it easier for the Plan Selva to be selected to represent Peru in the 15th International Architecture Exhibition in Venice, "Our Amazon Frontline".[4]

Plan Selva, a project that gave us cause for reflection during the bicentenary celebrations, offered us a path toward a future with a commitment to the country's construction. At the same time, as in other cases described in outline here, it revealed divisions between fellow Peruvians—a legacy of the indifference experienced over the course of our history as a republic. In recent years, this positive horizon opened up by the Plan Selva project has encountered more than one obstacle. It is not possible to guarantee that every street and every house will be represented on a map at the service of the city, nor that the traces of time accumulated in the urban territory will continue to be sought, valued, and assimilated. Let us appreciate these projects and commit ourselves to resolving the difficulty and "urgency of saying "we,"[5] acknowledging that it is a challenge, a battle, and an ongoing effort.

implementaron 70 escuelas. El equipo estuvo formado por jóvenes arquitectos,[3] quienes sortearon las dificultades burocráticas que suponía entrar en un proceso convencional de obra pública con un ejercicio de creatividad sorprendente, al introducir las acciones de proyecto como mobiliario. Esta estrategia era adecuada en términos de un diseño que debía enfrentar las dificultades de transporte de elementos constructivos en la Amazonía. El Plan Selva fue un éxito en muchos niveles, entre los que destaca la unanimidad con que fue celebrado por la comunidad de arquitectos y el entusiasmo que despertó en ella, a menudo dividida por individualismos profesionales. La posibilidad de encontrar en el Estado un canal de acciones positivas para la arquitectura y el diseño de infraestructuras insufló una energía renovada en las generaciones más jóvenes, que se incorporaron al trabajo desde el Estado. Fue un consenso sólido, que hizo sencillo que el Plan Selva fuera escogido para que representara a Perú en la XV Bienal de Arquitectura de Venecia, "Nuestro frente amazónico".[4]

El Plan Selva, un proyecto sobre el cual reflexionar durante el bicentenario, nos ofreció una ruta hacia un futuro comprometido con la construcción del país. Al mismo tiempo, como en los otros casos resumidos aquí, reveló las brechas entre connacionales, que la indiferencia nos había heredado a lo largo de nuestra historia republicana. En los últimos años, este horizonte positivo abierto por el Plan Selva se ha encontrado con más de un obstáculo. Tampoco podemos garantizar que cada calle y cada casa tengan hoy una representación en un plano al servicio de la ciudad, ni que los trazos del tiempo acumulado en el territorio urbano se sigan buscando, valorando y asimilando. Apreciemos estos proyectos y comprometámonos con la dificultad y "la urgencia de decir 'nosotros'",[5] reconociendo que es un reto, una batalla y un trabajo permanente.

1   For example, see the series of articles in *Trama. Espacio de crítica y debate*, <https://tramacritica.pe/trama/>
2   See "A diez años de Lima Milenaria. La despedida," https://limamilenaria.blogspot.com/
3   The architects involved in this project were Elizabeth Añaños, Sebastián Cillóniz Isola, José Luis Rafael Villanueva Castañeda, Claudia Flores Timoteo, Miguel Arturo Chávez Cornejo, Gino Fernández Villegas, Victor Álvaro Echevarria Marmolejo, Alfonso Orbegoso Portocarrero, María Militza Carrillo Barrera, Karel George Van Oordt, Henry Daisuke Izumi Noda, Luis Miguel Hadzich Girola, José Carlos Tamayo Castro, and Domingo Alejandro Torero Gamero.
4   "Our Amazon Frontline", curated by Sandra Barclay and Jean Pierre Crousse, represented Peru. Peru's pavilion was awarded a special mention at the 2016 Venice Biennale.
5   For an analysis of state projects imagined in the 19th and 20th centuries, see Gonzalo Portocarrero, *La urgencia de decir "nosotros". Los intelectuales y la idea de nación en el Perú republicano*, (PUCP, Lima, 2015).

1   Véase, por ejemplo, la serie de artículos aparecidos en *Trama. Espacio de crítica y debate*, en: <https://tramacritica.pe/trama/>
2   Véase "A diez años de Lima Milenaria. La despedida", en: https://limamilenaria.blogspot.com/
3   Los autores del proyecto de arquitectura fueron Elizabeth Añaños, Sebastián Cillóniz Isola, José Luis Rafael Villanueva Castañeda, Claudia Flores Timoteo, Miguel Arturo Chávez Cornejo, Gino Fernández Villegas, Víctor Álvaro Echevarría Marmolejo, Alfonso Orbegoso Portocarrero, María Militza Carrillo Barrera, Karel George Van Oordt, Henry Daisuke Izumi Noda, Luis Miguel Hadzich Girola, José Carlos Tamayo Castro y Domingo Alejandro Torero Gamero.
4   "Nuestro frente amazónico", curada por Sandra Barclay y Jean Pierre Crousse, representó a Perú. El peruano fue uno de los pabellones nacionales premiados en la Bienal de Venecia de 2016.
5   Para un análisis de los proyectos de nación que se imaginaron en los siglos XIX y XX, véase Gonzalo Portocarrero, *La urgencia de decir "nosotros". Los intelectuales y la idea de nación en el Perú republicano*, (PUCP, Lima, 2015).

DESDE LA AMAZONÍA: AMPLIFICAR EL TERRITORIO DE LA ARQUITECTURA

FROM THE AMAZON: EXPANDING ARCHITECTURE'S TERRITORY

ELIZABETH AÑAÑOS

Elizabeth Añaños. A graduate in Architecture from the Pontifical Catholic University of Peru (PUCP) with a vocation for teaching, Añaños is an expert in public policies. As Deputy Minister of Housing and Urbanism, she promoted the National Housing and Urbanism Policy and Law of Sustainable Urban Development. Executive Director of the National Program of Education Infrastructure as a strategic initiative to close the education gap. International distinctions include the National Architecture Prize in 2016.

Elizabeth Añaños. Arquitecta por la Pontificia Universidad Católica del Perú y docente por convicción, se especializa en políticas públicas. Como viceministra de Vivienda y Urbanismo del Perú, impulsó la Política Nacional de Vivienda y Urbanismo y la Ley de Desarrollo Urbano Sostenible. Se desempeñó como directora ejecutiva del Programa Nacional de Infraestructura Educativa, mediante el cual diseñó estrategias para reducir la brecha educativa. Reconocida internacionalmente, recibió el Premio Nacional de Arquitectura en 2016.

The phrase "no spill, no state" was the headline of a Peruvian magazine article about an indigenous community in the Amazon region and the government's response to a local oil spill. In the context of the country, the general rule is that government intervention tends only to occur in response to emergencies or protests. The Amazon region has been the epicenter of infrastructure development for productive activities, particularly those related to oil drilling. This scenario of diversity, where Amazonian communities and resources coexist, leads to tensions in the management of natural resources, biodiversity, and access to water, making the region a land of latent conflicts.

Mayuriaga, home to a Wampis community, is ensconced in Peru's northern jungle region. In February 2016, this area was affected by an oil spill. To express their anger, the Wampis showed their desire not to be considered Peruvian citizens due to the lack of a state response to the contamination caused by the incident. The oil pipeline's leak near their community seriously threatened their essential resources, such as river water, further eroding their distrust of the state. This situation led to the creation of a high-level commission of representatives from various ministries to make specific proposals to address this problem. However, the state's response was hampered by the logistical and regulatory complexities inherent in the administration of rural areas, a situation exacerbated by the centralization of decision-making in the capital, Lima. The structure of public investment, designed from a predominantly urban perspective, made it difficult to implement the right solutions for rural communities, whose territorial reality is based on communal rather than private property. The bureaucracy connected to sanitation and deeds to communal lands lengthens administrative processes and makes it difficult to allocate resources efficiently or to carry out projects on these lands.

La frase "Sin derrame, no hay Estado" aparecía como titular en un artículo de una revista peruana que relataba la situación de una comunidad nativa de la Amazonía y la acción del Estado nacional frente al derrame de petróleo en esa zona. En el contexto del país, en general prevalece una regla que sugiere que la intervención estatal tiende a activarse sólo en respuesta a situaciones de emergencia o protestas. La Amazonía ha sido el epicentro del desarrollo de infraestructuras productivas, en especial de aquellas relacionadas con la extracción petrolera. Este escenario de diversidad, en el que coexisten comunidades amazónicas y recursos, conlleva tensiones en la gestión de los recursos naturales, la biodiversidad y el acceso al agua, y convierte a la región en un territorio de conflictos latentes.

Mayuriaga, una comunidad de la etnia wampis, se encuentra en un enclave de la Selva norte del Perú. En febrero de 2016, esta comunidad se vio afectada por un derrame de petróleo. Para expresar su descontento, los wampis manifestaron su deseo de no ser considerados ciudadanos peruanos debido a la falta de respuesta estatal frente a la contaminación causada por el incidente. La ruptura de un oleoducto en las proximidades de la comunidad comprometió gravemente sus recursos básicos, como el agua del río, lo que exacerbó su desconfianza hacia el Estado. Esta situación llevó a la creación de una comisión de alto nivel, conformada por representantes de diversos ministerios, con el propósito de presentar propuestas concretas para abordar la problemática de la comunidad. Sin embargo, el proceso de respuesta estatal se vio obstaculizado por la complejidad logística y normativa inherente a la gestión de territorios rurales, agravada por la centralización de la toma de decisiones en Lima, la capital del país. La estructura de inversión pública, concebida desde una perspectiva predominantemente urbana,

In this context, the Plan Selva project emerged as an innovative response that recognized the urgency of meeting the needs of rural communities and adapted its strategies to the specific conditions of rural areas. Unlike other interventions, Plan Selva's adaptability and flexibility made it possible to build a school in this community, surmounting the usual obstacles of working in rural areas of Peru.

The school's modular design meant it could be disassembled for easy transport to emergency areas such as Mayuriaga. This required a new approach to design. Also, although our work was specifically for educational infrastructure, we decided to integrate alternative water supplies, sanitation, and electricity systems using solar panels—areas under the responsibility of other ministries—recognizing the need for integral solutions in these communities. The modular design, like assembling a piece of furniture, was intended to provide a faster response to community needs and to avoid the inflexibility of conventional investment that requires state ownership of the land in question and is limited to an urban approach to infrastructure development. By identifying flexible points and gaps in the public system, we were able to incorporate architectural structures that provide rapid and effective solutions, effectively hacking[1] the system. As a result, we could meet the needs of Mayuriaga and help the community and the state resolve their differences. This pragmatic and adaptable system proved essential for tackling emergency situations in the Amazon region, where flexibility and innovation are essential in order to respond effectively to the community's specific needs.

THE AMAZON AS THE PERIPHERY

Peru is an Amazonian country: the Amazon region covers 62% of the national territory. Yet it is home to only 11% of the nation's population, making it the least densely

dificultó la implementación de soluciones adecuadas para las comunidades rurales, cuya realidad territorial se basa en la propiedad comunal y no en la individual. La burocracia asociada al saneamiento y la titulación de tierras comunales prolonga los procesos administrativos y dificulta la asignación eficiente de recursos, así como la ejecución de proyectos en estos territorios.

En este contexto, el proyecto Plan Selva emergió como una respuesta innovadora, que reconocía la urgencia de abordar las necesidades de las comunidades rurales y adaptaba sus estrategias a las particularidades de la ruralidad. A diferencia de otras intervenciones, el Plan Selva logró construir una escuela en esa comunidad, gracias a su enfoque flexible y adaptativo, lo que permitió sortear los obstáculos propios de la gestión de territorios rurales en el Perú.

Mediante el concepto de ensamblaje de piezas, la escuela se diseñó de manera tal que pudiera desarmarse para facilitar su transporte a zonas de emergencia como Mayuriaga. Esto requirió reconsiderar las reglas convencionales de diseño. Además, a pesar de que nuestra tarea estaba circunscrita al ámbito educativo, decidimos integrar sistemas alternativos de agua, saneamiento y energía eléctrica con paneles solares —responsabilidades que corresponden a otros ministerios—, al reconocer la necesidad de intervenciones integrales en estas comunidades. Este enfoque implicó concebir soluciones modulares, análogas al montaje de muebles, con la finalidad de agilizar la respuesta a las necesidades comunitarias y evitar la rigidez del sistema convencional de inversión, que exige la titularidad estatal de los terrenos y se limita a considerar las infraestructuras bajo lógicas urbanas. Al identificar puntos flexibles y vacíos en el sistema público, conseguimos incorporar estructuras arquitectónicas que proporcionaron soluciones rápidas y efectivas, hackeando[1]

Presidente del Perú entrega institución educativa N° 62168 a la comunidad de Mayuriaga, Loreto, 2019.

Peruvia President opens school N° 62168 for the community of Mayuriaga, Loreto, 2019.

population region in the country. The Peruvian Amazon faces a series of challenges and tensions that transcend its territory. The geographical distance separating it from Peru's coastline and political center in Lima produces a dynamic of centralization and marginalization. Therefore, the needs and voices of Amazonian communities are often ignored in discussions about national policies and decisions. The disconnect between center and periphery not only hinders access to basic services such as education and health, but also contributes to the proliferation of unlawful activities such as illegal mining and logging, which threaten the region's environmental and cultural health.

The Amazon, invaluable for its biodiversity and indigenous cultures, requires integral development to guarantee its conservation, with educational and cultural programs as essential components for preserving the territory. However, the current educational situation in the region is alarming. Based on the 2015 Student Census (ECE), the average academic performance is below the national average.[2] For example, in Loreto, the most populous Amazonian department, only 18.1% of primary school students reached a satisfactory level of reading comprehension, while only 5.8% had basic math skills.

Accessibility is a key factor in the logistics and delivery of services in the Amazon region, an area dependent on the river system and where travel times can be long,

el sistema. Como resultado, logramos satisfacer las necesidades de Mayuriaga; en consecuencia, propiciamos una reconciliación entre la comunidad y el Estado. Este enfoque pragmático y adaptable se reveló fundamental para abordar las emergencias en el territorio amazónico, donde la flexibilidad y la innovación son esenciales para responder de manera efectiva a las necesidades específicas de las comunidades.

LA AMAZONÍA COMO PERIFERIA

El Perú es un país amazónico. La extensión territorial de la Amazonía peruana abarca 62% del territorio nacional; a pesar de ello, solo 11% de la población nacional reside en esta región, lo que la convierte en la zona con la densidad poblacional más baja del país. La Amazonía peruana enfrenta una serie de desafíos y tensiones que trascienden su extensión territorial. La distancia geográfica que la separa de la costa y del centro político en Lima genera una dinámica de centralización y marginación. En esta dinámica, las necesidades y las voces de las comunidades amazónicas suelen quedar en un segundo plano en las políticas y decisiones nacionales. La desconexión entre el centro y la periferia no sólo dificulta el acceso a servicios básicos como la educación y la salud, sino que también contribuye a la proliferación de actividades ilegales, como la minería y la tala irregulares, que amenazan la integridad ambiental y cultural de la región.

particularly in remote areas and with indigenous communities. Lima-based policies and services are poorly adapted to the reality of the Amazon region. Furthermore, the lack of legal physical sanitation worsens inequality and hinders access to basic services such as education.

In Peru, rural areas are associated with poverty due to extreme social inequality and the lack of opportunities. This is partly due to the fact that the systems for solving problems and providing services were designed in the country's capital, with a homogenized view of the country, making them ill-suited to the reality of indigenous communities. For example, secure ownership of land and property is essential because it determines access to basic services. Without a proper physical and legal regularization of the land, indigenous communities face difficulties in accessing public services and investments such as schools and health centers—a situation worsened by bureaucratic, administrative, and cultural hurdles.

School infrastructure in these areas is in a dire condition, according to the 2014 Education Infrastructure Census (CIE).[3] In the Peruvian Amazon, 51% of schools require major renovations or structural reinforcements. To complicate matters further, the lack of information on 3,922 schools in rural and remote areas suggests that around 70% of schools may be in an emergency situation.

Precarious basic services also undermine education, as only 11% of schools have adequate access to water and sanitation, leading to health problems, absenteeism, and widening gender inequalities. Also, only 37% have proper energy supplies, which has a direct impact on educational processes. In terms of connectivity, only 3% have access to telephones and the internet, representing an additional challenge during the Covid-19 pandemic. School infrastructure and basic

La Amazonía, valiosa por su biodiversidad y por los aspectos culturales de sus comunidades nativas, requiere un enfoque integral de desarrollo para garantizar su conservación, en el cual la educación y la revalorización de la cultura deben ser los componentes principales para la preservación del territorio. Sin embargo, el estado educativo de la región es preocupante. De acuerdo con la Evaluación Censal de Estudiantes (ECE) de 2015, el rendimiento promedio está por debajo de la media nacional.[2] Por ejemplo, en Loreto, el departamento amazónico con mayor población, sólo 18.1% de los estudiantes de educación primaria alcanzó un nivel adecuado de comprensión lectora, mientras que apenas 5.8% dominaba habilidades básicas en matemáticas.

La accesibilidad es un factor clave que condiciona la logística y provisión de servicios en la Amazonía, donde el sistema fluvial prevalece y los tiempos de viaje pueden ser prolongados, en especial en zonas remotas y con comunidades indígenas. La falta de adaptación a la realidad amazónica de las políticas y servicios que se proveen desde Lima, sumada a la ausencia de saneamiento físico legal, agrava la desigualdad y dificulta el acceso a servicios básicos como la educación.

En el Perú, la ruralidad se asocia a la pobreza debido a los altos niveles de desigualdad social y la falta de oportunidades. Esto se debe, en parte, a que los esquemas de atención y servicios suelen ser concebidos desde la capital, con una visión homogeneizadora del territorio, lo que no se adapta a la realidad de las comunidades nativas. Por ejemplo, la seguridad en la tenencia de la tierra y la propiedad es crucial, ya que determina el acceso a servicios básicos. Sin una adecuada regularización física y legal de la tierra, las comunidades nativas enfrentan dificultades para acceder a inversiones y servicios públicos como escuelas y

services require an urgent, coordinated response in order to improve the quality of education in rural communities.

The Peruvian Amazon has historically lacked an integral development plan, while it has become an area of mining activities, mainly due to the diversity of its resources. Without a vision of integral development, this territory has been left behind and the population has the worst access to opportunities and basic services in Peru. It has become increasingly urgent to address environmental challenges such as deforestation, loss of biodiversity, and the boom in informal economies related to illegal logging and mining, which not only threaten the health and wellbeing of local communities but also the ecological stability of the planet as a whole.

THE AMAZON AS A PROJECT: PLAN SELVA

At the start of each school year, Peruvians focus on a fundamental and recurring issue: the state of school infrastructure. The media regularly highlights the precariousness of several schools, showing alarming images of buildings on the verge of collapse and lacking basic services such as access to water and lack of furniture. However, these reports barely scratch the surface of a far larger and more complex problem facing the country. Estimates suggest that around 50% of Peru's 54,000 schools require complete reconstruction, while others need significant intervention to ensure a suitable learning environment for children.[4] In this context, the Amazon has emerged as one of the most challenging regions for this problem.

For a society to be competitive, education is a priority. One of the most prominent and relevant assessments to measure progress of student learning and performance is the Programme for International Student Assessment (PISA), coordinated by the Organization for Economic Cooperation

centros de salud, lo que se agrava debido a barreras burocráticas, administrativas y culturales.

La infraestructura escolar en estas zonas se encuentra en estado crítico, como lo demuestra el Censo de Infraestructura Educativa (CIE) de 2014.[3] En la Amazonía peruana, 51% de las escuelas requiere renovaciones o refuerzos estructurales de alto nivel. Además, la falta de información sobre 3 922 escuelas en áreas rurales y remotas sugiere que 70% de las escuelas, aproximadamente, podrían encontrarse en estado de emergencia.

La precariedad en los servicios básicos también afecta el aprendizaje, ya que sólo 11% de las escuelas tiene acceso adecuado a agua y saneamiento, lo que puede causar problemas de salud, ausentismo estudiantil e incremento de la desigualdad de género. Además, sólo 37% cuenta con suministro de energía adecuado, lo que impacta directamente en los procesos educativos. En cuanto a la conectividad, apenas 3% tiene acceso a telefonía e internet, y esto representó un desafío adicional durante la pandemia de covid-19. Tanto la infraestructura escolar como los servicios básicos requieren atención urgente, mediante acciones coordinadas, para mejorar la calidad educativa de las comunidades rurales.

La Amazonía peruana ha carecido históricamente de un plan de desarrollo integral, mientras que ha sido objeto de actividades extractivas, principalmente, debido a la diversidad de sus recursos. Sin una visión de desarrollo integral, este territorio se encuentra rezagado y con los peores índices de acceso a oportunidades y servicios básicos por parte de su población. Además, se enfrenta a desafíos ambientales cada vez más urgentes, como la deforestación, la pérdida de biodiversidad y el auge de economías informales relacionadas con la tala y la minería, que no sólo amenazan la salud y el bienestar de las

and Development (OECD). In 2018, Peru received some good news: it had risen three places in the PISA international ranking. However, we are still languishing in 64th place out of a total of 77 countries. Could the physical state of schools be a contributing factor for this low performance? The answer is yes.

While the challenges in education are multifaceted, the state of school infrastructure can be a critical factor in the success of learning or represent a significant gap. Several studies have shown that the quality of the educational setting and basic services have a direct impact on students' learning experiences. For example, the existence of school libraries, laboratories, drinking water fountains, electricity, and internet access, as well as the availability of bathrooms, are all factors that improve learning and enrolment. Other studies have highlighted the importance of temperature, lighting, ventilation, acoustics, and the design of teaching spaces in students' academic performance. According to Barret (2015), a properly designed classroom can influence children's academic performance by up to 16% over the course of a school year.

Information and evidence are essential for designing effective public policies. To this end, Peru's Ministry of Education carried out the 2014 CIE, a first comprehensive inventory of the state of Peru's rural and urban schools. The results revealed an alarming structural problem: 40.3% of schools required total or partial reconstruction due to their seismic vulnerability, while 28.8% required repairs or restrengthening in order to be fit for purpose as schools

Plan Selva was implemented in 2015, when Jaime Saavedra was Minister of Education. The program was designed to improve education in Amazon regions and included the following main components: management, learning, and infrastructure. In terms of infrastructure, the main challenge was to

comunidades locales, sino también la estabilidad ecológica del planeta en su conjunto.

LA AMAZONÍA COMO PROYECTO: EL PLAN SELVA

Cada año, a comienzos del ciclo escolar, la atención de los peruanos se vuelve hacia un tema fundamental y recurrente: el estado de la infraestructura escolar. Los medios de comunicación destacan periódicamente la precaria situación de numerosas escuelas y muestran imágenes impactantes de colegios en riesgo de colapso, con deficiencias en servicios básicos como el acceso al agua y carencias en su mobiliario. Sin embargo, estas representaciones mediáticas apenas rozan la superficie de una problemática mucho más amplia y compleja, que el país enfrenta. Se calcula que alrededor de 50% de las 54 000 escuelas del territorio nacional requiere una reconstrucción completa, mientras que otras necesitan intervenciones significativas para garantizar un entorno propicio para el aprendizaje de los niños.[4] En este contexto, la región amazónica emerge como uno de los escenarios más desafiantes de esta problemática.

Para garantizar una sociedad competitiva, es imperativo priorizar la educación. Una de las evaluaciones internacionales más destacadas y relevantes para medir el progreso del aprendizaje y el rendimiento de los estudiantes es la prueba del Programme for International Student Assessment (PISA), llevada a cabo por la Organización para la Cooperación y Desarrollo Económico (OCDE). En 2018, el Perú recibió buenas noticias, pues aumentó tres puntos en el *ranking* internacional del PISA. Sin embargo, aún nos encontramos rezagados en el puesto 64, entre 77 países. ¿Las condiciones físicas de las escuelas podrían ser uno de los factores que contribuyen a este bajo rendimiento? La respuesta es sí.

Si bien los retos educativos tienen múltiples facetas, el estado de la infraestructura

develop systematic and scalable strategies to improve the learning process for children.

To meet this challenge, we prefabricated modules organized in a catalogue that we called the Prefabricated Modular System, which was subject to the usual government procurement tenders. These were then installed in the schools. We also sought feedback on the design through a technical solutions laboratory called Brigadas en Frontera, which explored various alternative systems for water supplies, sanitation systems, participative processes, and construction management. This fast-track approach[5] was designed for immediate intervention and to find solutions through trial-and-error. In addition, the Comunal support strategy was designed as a cross-cutting support mechanism for all our interventions, focusing on co-design and management with other actors.

The first strategy adopted was the introduction of the Prefabricated Modular System, the implementation of prefabricated modules specifically designed for the Amazon region. These modules formed an infrastructure kit that were adaptable to the capacities and conditions of schools in rural regions, considering the complexities of public infrastructure in these areas. As the project progressed, the prefabricated components, along with the transport and assembly processes, were adapted and improved to optimize their operations under extreme conditions. Moreover, gaps in existing norms were identified, leading to the updating of the country's timber-construction regulations and public furniture design.

At the same time, in a second area of intervention, the Brigadas en Frontera was a strategy that responded to the limited access to water and sanitation in Amazonian schools. This was a laboratory of technology and governance designed to explore solutions to the (as yet undefined) problem of rural sanitation in floodplains. Since many solutions depend

escolar puede ser un factor determinante en el éxito del aprendizaje o representar una brecha significativa. Numerosos estudios han demostrado que la calidad del entorno educativo y los servicios básicos influyen directamente en la experiencia de aprendizaje de los alumnos. Por ejemplo, la existencia de bibliotecas escolares, laboratorios, instalaciones de agua potable, energía e internet, así como la disponibilidad de baños, ha demostrado ser un factor que mejora los niveles de aprendizaje y la matrícula escolar. Otros estudios han destacado la importancia de la temperatura, la iluminación, la ventilación, la acústica y el diseño de los espacios educativos en el rendimiento académico de los estudiantes. Según Barret (2015), un diseño adecuado del aula puede llegar a influir hasta en 16% en el rendimiento académico de los niños a lo largo de un año escolar.

Para diseñar políticas públicas efectivas, es fundamental contar con información y evidencia. Con este fin, el Ministerio de Educación del Perú realizó el CIE 2014, un primer inventario exhaustivo del estado de las escuelas, tanto en zonas rurales como urbanas del país. Los resultados revelaron un problema estructural alarmante: 40.3% de las escuelas requería una reconstrucción total o parcial, debido a su vulnerabilidad sísmica; mientras que 28.8% necesitaba intervenciones de reforzamiento o rehabilitación para garantizar condiciones adecuadas de infraestructura educativa.

En 2015, durante la gestión del ministro Jaime Saavedra, se implementó el Plan Selva. Este plan estaba dirigido a incrementar los aprendizajes de los estudiantes en las zonas amazónicas y comprendía los siguientes componentes principales: gestión, docencia, aprendizajes e infraestructura. El desafío central, en cuanto a infraestructura, era el desarrollo de estrategias sistematizadas y escalables para mejorar el proceso de aprendizaje de los niños.

on maintenance, an in-depth analysis explored the available options at the national level, involving various actors and testing various technical alternatives.

Brigadas en Frontera's intervention helped identify the need to expand the initial focus on bathroom facilities to a broader concept of basic services. These modules, equipped with solar panels and other multifunctional elements, became more efficient and durable, able to meet the community's different needs. In addition, the Brigadas Prefabricated Modulary helped develop the Modular Prefabricated System, since both projects were carried out simultaneously and provided mutual feedback. This approach improved and adapted systems to the specific conditions of each community and incorporated community participation in construction and maintenance.

Plan Selva took an innovative approach to integrating architectural strategies in the public system, tackling the challenges of a complex territory with unconventional solutions. The combination of strategies such as the Prefabricated Modular System, Brigadas en Frontera, and community ideas not only addressed the urgency of the problem but it also laid the groundwork for an open and dynamic process that transcended other projects and generated new discourses on urbanism and architecture. This strategic perspective was not limited to the architectural design but also included an integral intervention in the territory, from the conception to the execution and supervision of the construction.

The project faced challenges such as Peru's rurality and the complexity of understanding and working in the Amazon region, where the state's presence tends to be limited or non-existent. The adoption of concepts such as systematization based on diversity, the development of infrastructure kits, the integral nature of the interventions and the inclusion of logistical factors in the design, allowed

Para enfrentar este desafío, se buscó llegar de manera inmediata a las escuelas a través de sistemas constructivos prefabricados organizados en un catálogo al cual llamamos Sistema Prefabricado Modular, el cual tenía que ser licitado por el sistema regular de compras públicas, y de esta manera ser instalado en los colegios. Por otro lado, se buscó retroalimentar el diseño a través de un laboratorio de soluciones técnicas llamado Brigadas en Frontera que exploró diversos sistemas alternativos de acceso a agua y saneamiento, construcción colaborativa, procesos participativos y gobernanza en la construcción. Esta ruta "*fast-track*"[5] se diseñó para intervenir de manera inmediata y probar soluciones a través de pilotos y pruebas. Además, se diseñó Comunal, una transversal de apoyo a todas nuestras intervenciones enfocada en el el codiseño y gestión con actores.

La primera estrategia adoptada fue la introducción del Sistema Prefabricado Modular, que consistía en la implementación de módulos prefabricados diseñados específicamente para la región amazónica. Estos módulos conformaban un *kit* de infraestructura adaptable a las capacidades y condiciones de las escuelas en zonas rurales, considerando las complejidades de la infraestructura pública en dichos entornos. A medida que avanzaba el proyecto, se realizaron ajustes y mejoras en las piezas prefabricadas, así como en los procesos de transporte y ensamblaje, con la finalidad de optimizar su funcionamiento en condiciones extremas. Además, se identificaron vacíos en las normativas existentes, lo que condujo a la actualización de las normas nacionales de construcción en madera y de diseño del mobiliario público.

De forma simultánea, se abrió un segundo frente de intervención, la estrategia de Brigadas en Frontera, que surgió en respuesta al limitado acceso al agua y el saneamiento en las escuelas de la Amazonía. Éste fue

the opening of new discourses for the implementation of public infrastructure in the Peruvian public context. Interdisciplinary collaboration and the active participation of different actors, including governmental organizations, academic institutions, international organizations, and civil society, were essential for the project's success. Similarly, a constant dialogue was established with the communities, recognizing their needs and encouraging the local ownership of the proposed solutions.

They also faced institutional and bureaucratic challenges stemming from the lack of flexibility and adaptability of existing standards. This obstacle became an opportunity to identify gaps in the regulations and propose changes that would have an impact not only on the ongoing project but also on other national initiatives.

Plan Selva addressed the urgent need for education infrastructure in the Amazon and laid the groundwork for a new way of thinking about and addressing urban challenges in complex and diverse contexts through public management. Its comprehensive, collaborative, and adaptive focus offers valuable lessons for future interventions in similar areas, including the importance of innovation, community participation, and flexibility in the design and implementation of public policies.

THE AMAZON AS A REDEFINITION OF ARCHITECTURAL PRACTICE

Moving architectural practice toward the public sphere entails a fundamental redefinition of the architect's role and professional approach. This shift implies abandoning the traditional vision focused solely on creativity and architectural design in favor of a more holistic vision that considers the various influences on the design process. In *Architecture Depends*, Jeremy Till discusses how architecture is always influenced by various external forces and contingencies, which can become

un laboratorio de tecnología y gobernanza dedicado a explorar soluciones al problema —aún no definido— del saneamiento rural en áreas inundables. Dado que muchas soluciones dependen del mantenimiento, se realizó un análisis exhaustivo de las opciones disponibles en el ámbito nacional, se involucró a diversos actores y se probaron diferentes alternativas técnicas.

La intervención de las Brigadas en Frontera permitió identificar la necesidad de ampliar el enfoque inicial en la infraestructura de baños hacia un concepto más amplio de módulo de servicios básicos. Estos módulos, equipados con paneles solares y otros elementos multifuncionales, se convirtieron en intervenciones más eficientes y duraderas, capaces de atender diversas necesidades de la comunidad. Además, el proceso de las Brigadas en Frontera contribuyó de manera significativa al desarrollo del Sistema Prefabricado Modular, ya que ambos proyectos se ejecutaron simultáneamente y se retroalimentaron entre sí, lo que permitió mejorar los sistemas, adaptarlos a las condiciones específicas de cada comunidad e incorporar la participación comunitaria en los procesos de construcción y mantenimiento.

El enfoque adoptado en el proyecto Plan Selva representó una forma innovadora de integrar estrategias arquitectónicas en el sistema público, al abordar los retos de un territorio complejo mediante soluciones no convencionales. Al combinar estrategias como el Sistema Prefabricado Modular, las Brigadas en Frontera y los planteamientos comunitarios, no sólo se logró hacer frente a la urgencia de la problemática, sino también establecer las bases para un proceso abierto y dinámico que trascendió a otros proyectos y dio origen a nuevos discursos en el ámbito del urbanismo y la arquitectura. Este punto de vista estratégico no se limitó únicamente al diseño arquitectónico, sino que abarcó una

Diálogo entre la comunidad de Mayuriaga y la comisión de alto nivel, conformada por el Presidente del Perú y la Ministra de Educación, Loreto, 2019.

Assembly with Mayuriaga community and the high-level commission, formed by the President of Peru and the Minister of Education, Loreto, 2019.

frightening because it implies a loss of control. Architecture is self-supporting in order to eradicate other dependencies, but it is often diluted by the complexity of the forces that shape it.

Addressing challenges such as the diverse territory of the Amazon means broadening the architect's thinking by adopting a management and design approach that encompasses the entire design and construction process, articulating strategies and programs that meet the specific needs of the territory. This means innovating processes, systems, and programs; collaborating with other disciplines; and recognizing that the effective resolution of the Amazon's challenges requires the participation of multiple actors and experts. Jeremy Till (2009) also points to the importance of abandoning the impulsive dependence on the solitary genius of architecture and adopting a collaborative and innovative approach.

The integral system of multiple aspects influencing the configuration of the project and the territory, in order to bring relevant works of architecture, working through state bureaucracy, to a challenging context such as the Peruvian Amazon, exemplifies this evolution in architectural practice. Beyond the traditional concept of architecture as an autonomous and self-referential discipline, Plan Selva recognizes the interdependence between architectural design and the broader contexts in which it is inserted, with its political, social, economic, cultural, and environmental interactions.

intervención integral en el territorio, desde la conceptualización hasta la ejecución y supervisión de las obras.

El proyecto se enfrentó a desafíos como la ruralidad del Perú y la complejidad de entender y abordar los territorios amazónicos, donde la presencia del Estado suele ser limitada o inexistente. La adopción de conceptos como la sistematización basada en la diversidad, el desarrollo de *kits* de infraestructura, la integralidad de las intervenciones y la incorporación de criterios logísticos en el diseño, entre otros, permitió la apertura de nuevos discursos de ejecución de infraestructura pública el contexto público peruano. La colaboración interdisciplinaria y la participación activa de diversos actores, que incluyó a organismos gubernamentales, instituciones académicas, organismos internacionales y la sociedad civil, fueron fundamentales para el éxito del proyecto. Asimismo, se estableció un diálogo constante con las comunidades, mediante el cual se reconocieron sus necesidades y se fomentó la apropiación local de las soluciones propuestas.

También se enfrentaron desafíos institucionales y burocráticos, derivados de la falta de flexibilidad y adaptabilidad de las normativas existentes. Este obstáculo se convirtió en una oportunidad para identificar vacíos en las regulaciones y proponer cambios que no sólo impactaron en el proyecto en curso, sino también en otras iniciativas del ámbito nacional.

With Plan Selva, the public initiative pushed for the inclusion of the concept of diversity in terms of territory and infrastructure in Peru's political discourse. By recognizing the complexity of territorial challenges, it encouraged the diversification of solutions. And by distinguishing the Amazon as a specific territory, with unique needs and characteristics, it stimulated the creation of other programs and policies that more effectively tackled these needs.[6] These included initiatives to improve education infrastructure, to develop emergency programs for vulnerable areas, and to promote cultural and geographic diversity as a core value for planning and regional development.

This project can be interpreted as a commission that arose from the opportunity to develop an infrastructure plan for the Amazon region. The commission was completely open: it was not limited to a request for a specific design but required a thorough understanding of territorial issues. On the one hand, it called for an understanding of the existing deficiencies in the Peruvian Amazon, from logistics to public procurement policies; on the other hand, the design systems needed to be adapted to these realities. It also included the preparation for the commission, the definition of goals, the preparation of a briefing document, the design, development, management, implementation, and supervision, all in accordance with state laws and regulations. Moreover, it was necessary to develop a convincing narrative and discourse to persuade the relevant politicians of the importance and necessity of a project such as Plan Selva, highlighting its specific social, economic, and political benefits.

The project's constant adaptation to state norms and regulations highlighted the need for greater flexibility in government systems, which required significant innovation in the project's design choices. Given its national focus, Plan Selva faced scalability

El Plan Selva abordó la urgente necesidad de infraestructura educativa en la Amazonía y con ello sentó las bases para una nueva forma de pensar y encarar los desafíos urbanos en contextos complejos y diversos desde la gestión pública. Su enfoque integral, colaborativo y adaptativo ofrece lecciones valiosas para futuras intervenciones en territorios similares, entre las que se destaca la importancia de la innovación, la participación comunitaria y la flexibilidad en el diseño en la implementación de políticas públicas.

LA AMAZONÍA COMO REDEFINICIÓN DE LA PRÁCTICA

La transición de la práctica arquitectónica hacia el ámbito estatal conlleva una redefinición fundamental del papel del arquitecto y su enfoque profesional. Esta transformación implica abandonar la visión tradicional centrada únicamente en la creatividad y el diseño arquitectónico para adoptar una perspectiva más holística, que considere las diversas fuerzas que influyen en el proceso de diseño. Jeremy Till, en su obra *Architecture Depends*, discute cómo la arquitectura siempre está influenciada por diversas fuerzas externas y contingencias, lo que puede resultar aterrador porque implica una pérdida de control. La arquitectura se sostiene a sí misma para desterrar otras dependencias, pero a menudo se diluye debido a la complejidad de las fuerzas que la moldean.

Enfrentar desafíos como el territorio diverso de la Amazonía implica amplificar el pensamiento del arquitecto mediante la adopción de un enfoque de gestión y creación que abarque todo el proceso de diseño y construcción, y articule estrategias y programas que aborden las necesidades específicas del territorio. Esto significa innovar procesos, sistemas y programas; trabajar en colaboración con otras disciplinas, y reconocer que la resolución efectiva de los desafíos de la Amazonía requiere la participación

challenges, making it essential to identify areas of flexibility within these government systems for its proper implementation.

With its focus on expanding, diversifying, and developing ideas about architecture, Plan Selva faced the challenge of understanding and tackling rural issues in a country where the Amazon is considered peripheral. The challenge of considering territorial and local situations in the face of centralized official discourses manifests itself as an overriding necessity in the sphere of urban and territorial development.

---

[1] Hacking in the sense of finding gaps in public regulations in order to innovate. This implies identifying and making use of legal ambiguities in established normative systems in order to achieve creative or disruptive solutions.
[2] ECE was the Peruvian Education Ministry's national survey of learning indicators.
[3] CIE 2014, the basis for the National Education Infrastructure Plan, was implemented by the Peruvian Ministry of Education.
[4] Data from the Peruvian Ministry of Education's 2015 National Education Infrastructure Plan.
[5] The fast-track construction system is an accelerated process that enables superimposed stages to reduce the total time to complete the project without compromising quality or safety. This term can be adapted to the design process of the project in question.
[6] From 2019, other education infrastructure projects were developed in Peru, using Plan Selva as a reference point, led by the same team. We can cite the example of the Special Infrastructure Program ("Escuelas Bicentenario"), implemented from 2020, which is a national infrastructure program that has design catalogues in accordance with bioclimatic areas.

BIBLIOGRAPHY

Till, Jeremy, "Architecture, A Dependent Profession," in *Architecture Depends*, MIT Press, Cambridge, 2019.

Barrett, P., F. Davies, Y. Zhang, and I. Barrett, "The Impact of Classroom Design on Pupils' Learning: Final Results of a Holistic, Multi-level Analysis," in *Building and Environment*, vol. 89, pp. 118–133, 2015.

---

de diversos actores y expertos. Jeremy Till (2009) también señala la importancia de abandonar la dependencia impulsiva del genio solitario del arquitecto y adoptar una lógica de colaboración e innovación.

El abordaje integral de los múltiples aspectos que influyen en la configuración del proyecto y del territorio para llevar arquitectura pertinente, desde la burocracia estatal, a un contexto desafiante como la Amazonía peruana, ejemplifica esta evolución en la práctica arquitectónica. Más allá de la concepción tradicional de la arquitectura como una disciplina autónoma y autorreferencial, el proyecto Plan Selva reconoce la interdependencia entre el diseño arquitectónico y los contextos más amplios en los que éste se inserta, con sus interacciones políticas, sociales, económicas, culturales y ambientales.

Con el Plan Selva, la iniciativa pública impulsó la inclusión del concepto de diversidad territorial e infraestructural en el discurso político del Perú. Al reconocer la complejidad de los desafíos territoriales, fomentó la diversificación de soluciones. Al distinguir a la Amazonía como un territorio específico, con necesidades y características únicas, estimuló la creación de otros programas y políticas, que abordaron estas necesidades de manera más efectiva.[6] Esto incluyó iniciativas para mejorar la infraestructura educativa, desarrollar programas de emergencia para zonas vulnerables y promover la diversidad cultural y geográfica como un valor fundamental en la planificación y el desarrollo regional.

Este proyecto puede interpretarse como un encargo que surgió de la oportunidad de desarrollar un plan de infraestructura para la Amazonía. Este encargo, completamente abierto, no se limitó a la solicitud de un diseño específico, sino que requirió una comprensión profunda de las problemáticas territoriales, e implicó, por un lado, entender las brechas existentes en la Amazonía peruana, desde la logística hasta las políticas de

contratación pública, y por el otro, adaptar los sistemas de diseño a estas realidades. Incluyó también la preparación del encargo, la definición de metas, la elaboración del informe o *briefing*, la conceptualización, el desarrollo, la gestión, la ejecución y la supervisión, todo ello en conformidad con las leyes y estructuras estatales. Además, se buscaba desarrollar un discurso y una narrativa convincente, para persuadir a los actores políticos de la importancia y la necesidad de un proyecto como el Plan Selva, por lo tanto, se resaltaron sus beneficios concretos en términos sociales, económicos y políticos.

La adaptación constante del proyecto frente a las normativas y regulaciones estatales evidenció la necesidad de mayor flexibilidad en los sistemas gubernamentales, lo cual demandó una innovación sustancial en las decisiones de diseño del proyecto. Dado su carácter nacional, el Plan Selva enfrentó desafíos de escalabilidad, lo que hizo imprescindible identificar áreas flexibles dentro de estos sistemas gubernamentales para su implementación y ejecución efectiva.

En la lógica de amplificar, diversificar y desplazar el pensamiento de la arquitectura, el Plan Selva enfrentó el reto de comprender y abordar la ruralidad en un país que piensa en la Amazonía como periferia. El desafío de considerar las lógicas territoriales y las dinámicas locales frente a los discursos oficiales centralizados se manifiesta como una necesidad imperante en el ámbito del desarrollo urbano y territorial.

---

[1] Hackear, en el sentido de encontrar vacíos en las normas públicas. Implica identificar y aprovechar lagunas legales o ambigüedades en los sistemas normativos establecidos para crear soluciones creativas o disruptivas.

[2] La ECE era un muestreo nacional de indicadores de aprendizajes que realizaba el Ministerio de Educación del Perú.

[3] El CIE 2014, del cual salió el Plan Nacional de Infraestructura Educativa, fue implementado por el Ministerio de Educación del Perú.

[4] Datos del Plan Nacional de Infraestructura Educativa de 2015, del Ministerio de Educación del Perú.

[5] El enfoque "*fast track*" en construcción consiste en un proceso acelerado que permite la superposición de etapas para reducir el tiempo total de finalización del proyecto sin comprometer la calidad ni la seguridad. Este término puede ser adaptado al proceso de diseño del proyecto en cuestión.

[6] A partir de 2019 se desarrollaron otros proyectos de infraestructura educativa en el Perú, con el Plan Selva como referencia, liderados por el mismo equipo. Por ejemplo, el Programa Especial de Infraestructura "Escuelas Bicentenario", cuya ejecución se inició en 2020, es un programa nacional de infraestructura educativa que cuenta con catálogos de diseño de acuerdo con las zonas bioclimáticas.

BIBLIOGRAFÍA

Till, Jeremy, "Architecture, A Dependent Profession" en *Architecture Depends*, MIT Press, Cambridge, 2009.

Barrett, P., F. Davies, Y. Zhang e I. Barrett, "The Impact of Classroom Design on Pupils' Learning: Final Results of a Holistic, Multi-level Analysis", en *Building and Environment*, vol. 89, pp. 118-133, 2015.

MIRANDO AL SUR: ELOGIO DE UNA ESTRATEGIA ARQUITECTÓNICA EN LA AMAZONÍA PERUANA

LOOKING SOUTH: PRAISE FOR AN ARCHITECTURAL STRATEGY IN THE PERUVIAN AMAZON

ATXU AMANN Y ALCOCER

Atxu Amann y Alcocer. PhD in Architecture, urban planner and landscape architect. Teacher and researcher at the School of Architecture of the Polytechnic University of Madrid. Creator of the official master's degree in Architectural Communication, which she currently coordinates, and director of the PhD program in Architectural Communication. Director of the Grupo de Investigación Hypermedia. Since 1987, she has been an associate of the Temperaturas Extremas studio, which has won multiple awards and more than 200 prizes. She was curator of the Spanish pavilion at the 2018 Venice Biennale. A feminist activist, she situates her activity in the struggle for a "more than human" world through a diversified architectural practice.

Atxu Amann y Alcocer. Doctora arquitecta, urbanista y paisajista. Docente e investigadora en la Escuela Técnica Superior de Arquitectura de la Universidad Politécnica de Madrid. Creadora del Máster Oficial de Comunicación Arquitectónica, que actualmente coordina, y directora del programa de Doctorado en Comunicación Arquitectónica. Dirige el Grupo de Investigación Hypermedia. Desde 1987 es asociada del estudio Temperaturas Extremas, el cual ha merecido múltiples reconocimientos y más de 200 premios. Fue comisaria del pabellón español de la Bienal de Venecia en 2018. Activista feminista, sitúa su actividad en la lucha por un mundo "más que humano" mediante una práctica arquitectónica diversificada.

I wake up to the news on the radio that the radical rightwing politician Javier Milei has won the presidential elections in Argentina with 55.75% of the vote. The official candidate of La Libertad Avanza announces the closure of the Ministries of Education and Health, and the elimination of social programs. The reporter refers to the bomb-scarred city as a "children's cemetery," after the Israeli offensive claimed the lives of 4,000 children; the survivors are among the 1.4 million displaced Palestinians on the streets looking for safety. A month earlier, those children not included on the list of the 500 killed in the war in Ukraine went back to school, healthy or maimed. In Ukraine, classes are held in air raid shelters, through online courses, or in the remains of the 1,300 schools destroyed in the past 18 months of fighting.

> In 2013, only 11.1% of schools in the Amazon had adequate access to water and sanitation services; 63% had no drinking water supply or sanitation services of any kind, a situation affecting more than 500,000 students. Most of the Amazon region depends on river transport for mobility, with a constant flow of passenger and cargo boats. It takes five and a half hours to travel from the regional capital to the school premises. For nearly 14% of schools, the average journey time from students' communities to a major city is between 4 and 12 hours. In the most remote and inaccessible locations, 5% of schools are on average 2 days away from the nearest city. In the most complicated cases, as in some indigenous communities located in the Mayapo gorge, this journey takes more than 4 days.[1]

That's the state of our world, as Stanislav Lem foresaw in 1986 when he summarized

Me levanto con la noticia en la radio de que el ultraderechista Javier Milei ganó ayer las elecciones a la Presidencia de Argentina con 55.75% de los votos. El candidato de la "La Libertad Avanza" anuncia el cierre de los ministerios de Educación y Salud así como la eliminación de las ayudas sociales. "Un cementerio de niños" es como la reportera denomina a la ciudad en escombros donde los bombardeos de Israel han matado ya a 4 000 niños; los que han sobrevivido forman parte del 1.4 millón de palestinos que se desplaza por las calles intentando ponerse a salvo. Un mes antes, los que no estaban en el grupo de las 500 bajas de menores en la guerra de Ucrania volvieron a clases, enteros o lisiados. La docencia en Ucrania se ejerce en refugios antiaéreos, por vía telemática o entre los restos de las 1 300 escuelas destruidas en estos 18 meses de conflicto bélico.

> En 2013, sólo 11.1% de las escuelas de la Amazonía tenían acceso adecuado a agua y saneamiento. De los locales escolares, 63% no contaba con abastecimiento de agua potable ni saneamiento de red pública u otro sistema, lo que afectaba a más de 500 000 estudiantes. La mayor cantidad del territorio amazónico depende del transporte fluvial para satisfacer sus necesidades de movilidad, con un flujo continuo de embarcaciones de pasajeros y carga. El tiempo de traslado desde la capital regional hasta los locales escolares es de 5:30 horas. Para cerca de 14% de los locales escolares, el tiempo de desplazamiento promedio desde su comunidad hasta una ciudad importante oscila entre cuatro y 12 horas de viaje. En las zonas más alejadas y con mayores problemas de accesibilidad, 5% de los locales escolares está a un promedio de 2 días de viaje a la ciudad más cercana. En los casos más

all the diversity, inequality, and complexity of human life in 60 seconds,[2] translated into numerical data and statistics. This is no longer a fiction but the daily reality parameterized by the media, in an attempt to anesthetize the daily massacres of human beings who attack themselves and the planet.

I met Elizabeth Añaños in Chile, as part of the "Habitar al margen" project at the 12th Ibero-American Biennial of Architecture and Urbanism. She must have sensed my keen interest in this initiative, which she mentioned only briefly, because a few months later she sent me a WhatsApp message asking for my thoughts on Plan Selva. I accepted immediately.

Right now, as this text takes shape, I think like Fogué[3] that "a critical battle is being fought in different parallel spaces: the clear attack on anthropocentrism, where architecture is the battlefield, where the different ecological ethics blend their positions, make tactical bets, and confront their principles." In this theater, where official discourses on sustainability are taking place at the same time as there is an increase in armed conflicts, the use of non-renewable energies, the production of waste, the size of sprawling cities, and the gap between rich and poor, the hope of a contest in relation to social alternatives to the prevailing architecture seems to be on the decrease, and is embodied in the work of younger professionals, who are holding their own despite the high rates of unemployment, lack of hope for the future, and zero impact on the decisions of their leaders and government administrations.

I continue to think about what I am writing and I realize that today is November 20 and my city will once again be the scene for fascist commemorations of the dictator Francisco Franco and I almost choke on my breakfast: they will violently reoccupy Madrid's public space. Yes, it will be a pleasure to avoid this, to talk about a

complicados, como en algunas comunidades nativas ubicadas en la quebrada Mayapo, el tiempo aumenta a más de 4 días.[1]

Nuestro mundo es así, como lo anticipaba Stanislav Lem en 1986 cuando recopiló toda la diversidad, la desigualdad y la complejidad de la vida humana durante 60 segundos, traducida a datos numéricos y estadísticas.[2] Ahora ya no es ficción, es la realidad diaria parametrizada por los medios, en el intento de anestesiar las masacres cotidianas de la humanidad contra ella misma y el planeta.

Conocí a Elizabeth Añaños en Chile, en el marco de "Habitar al margen", en la XII Bienal Iberoamericana de Arquitectura y Urbanismo. Debió intuir mi fascinación por el proyecto que me había contado en apenas un ratito, porque meses después me pidió por WhatsApp una reflexión sobre el Plan Selva, que acepté de inmediato.

En este mismo momento, mientras este texto va apareciendo, pienso, con Fogué[3], que "está teniendo lugar en distintos ámbitos paralelos un combate crucial: el asalto definitivo al antropocentrismo en el que la arquitectura es el campo de batalla, donde las diferentes éticas ecológicas baten sus posiciones, apuestan sus tácticas y confrontan sus principios". Es en este territorio en el que oficialmente se habla de sostenibilidad mientras aumentan los conflictos bélicos, las emisiones de gases contaminantes, el gasto de energías no renovables, la generación de residuos, el crecimiento de las ciudades difusas y la diferencia entre ricos y pobres, la esperanza de la contienda en cuanto a alternativas sociales a la arquitectura dominante parece encontrase en reducción y se encarna en los profesionales más jóvenes, que aguantan la lucha a pesar de sus altos porcentajes de desempleo, sus escasas expectativas de futuro y su nula incidencia en las decisiones de sus gobernantes y administraciones.

political strategy launched by a group of young Peruvian architects just before the Covid-19 pandemic.

> As an economist, I could demonstrate the positive effect that universal schooling for children, and the possibility for everyone to go into higher education, would have on a country's growth and wellbeing. But I reject this explanation. Access to education for all is a basic human right; it needs no economic argument.[4]

More than 500 years ago, this pragmatic Marxist academic might have guessed that humans would continue to destroy those who will be responsible for managing future life on our planet, but he would have had trouble imagining this capitalist global world, where…

> in Vladimir Putin's Russia, where he was born, the huge profits from speculation on formerly publicly owned land has left a million people "homeless" on the streets of Moscow, rubbing shoulders with more billionaires than there are in New York; nor would he have believed that the hypercapitalism promoted by the Chinese Communist Party could have produced such an outrageous growth of its cities, systematically destroying their historical fabric and pushing their inhabitants out into the newly created suburbs. Not even I would have foreseen the untrammeled growth of extreme urban structures in the United Arab Emirates, with the invasion of their ecosystems replicating the predatory and speculative mechanisms of the West, only on a supercharged scale.[5]

Sigo pensando mientras escribo y me doy cuenta de que hoy es 20 de noviembre y mi ciudad será de nuevo el escenario de los actos fascistas en conmemoración del dictador Francisco Franco, y el desayuno casi se me atraganta: tomarán de nuevo, violentamente, el espacio público de Madrid. Sí, sin duda será un placer evadirse para hablar de una estrategia política que un grupo de jóvenes arquitectos peruanos puso en marcha precisamente antes de la pandemia de covid-19.

> Podría demostrar como economista el efecto positivo que tendría para el crecimiento y el bienestar de un país la escolarización universal de los niños y la posibilidad para todos de poder optar a estudios superiores, pero rechazo esta explicación. El acceso de todos a la educación es un derecho humano básico, no necesita de argumentos económicos.[4]

Hace más de medio siglo, este pragmático académico marxista posiblemente habría adivinado que la humanidad continuaría aniquilando a quienes han de ocuparse de gestionar la vida futura en nuestro planeta, pero difícilmente habría imaginado este mundo global capitalista, en el que…

> en la Rusia de Vladímir Putin, donde él nació, las grandes fortunas amasadas con la especulación del suelo que antes era público ha provocado que en las calles de Moscú haya un millón de "sin techo" conviviendo con más billonarios que en la ciudad de Nueva York; ni podría creer que el hipercapitalismo promovido por el Partido Comunista Chino haya generado una manera de hacer crecer tan desaforadamente sus ciudades que arrasa sistemáticamente los tejidos históricos y expulsa a sus habitantes a las nuevas periferias.

Also, with the collaboration of several young architects who had been displaced from their European countries.

Entrenched in the modernity of dualities, where little attention was paid to the Global South, we had consolidated the imaginary of the private space linked to the right to property, while we considered the public sphere as a legal guarantee of equality of opportunities and services. In terms of well-being, healthcare, and learning infrastructure such as hospitals and schools were the ones that spatially defined the duality between the public and private spheres. However, as we approach the midpoint of the third decade of the 21st century, in a reality characterized by real estate speculation, based on the demands of the capitalist market, the public dimension of architecture and urbanism is proved to be unfounded: "Is there an ethical holdout in architecture in favor of the environment, equality, and liberty, outside the consumerism and the speculation of the construction and cultural industries?.[6]

The Plan Selva project was jointly funded by the Peruvian government, the Pontifical Catholic University of Peru (PUCP), the Inter-American Development Bank (IABD), the World Health Organization (WHO), and private companies to improve the living conditions of the educational community in the Amazon region.

In partnership with the WHO, key areas of intervention have been defined in the Amazon region, including two indicators: sites with the highest concentration of schools without adequate water supply and sanitation services, and the districts with the highest rates of child malnutrition and acute diarrheal diseases. Child health is the main reason for absenteeism and a direct cause of poor academic

Tampoco yo misma habría anticipado el crecimiento salvaje de las estructuras urbanas extremas de los Emiratos Árabes, con la invasión de sus ecosistemas replicando y superando salvajemente los mecanismos especulativos y depredadores de Occidente.[5]

También, por cierto, con la colaboración de bastantes arquitectos jóvenes desplazados desde sus países europeos.

Instalados en la modernidad de las dualidades, donde no se prestaba demasiada atención al Sur, habíamos consolidado el imaginario de lo privado ligado al derecho a la propiedad, mientras que considerábamos lo público como la garantía legal de igualdad de oportunidades y servicios. En el horizonte del bienestar, los equipamientos vinculados a la salud y el conocimiento, como hospitales y escuelas, eran los que definían espacialmente la dualidad entre los dominios privado y público. Sin embargo, entrados en la tercera década del siglo XXI, en una realidad que se caracteriza por la especulación inmobiliaria, configurada con base en las exigencias del mercado capitalista, la dimensión pública de la arquitectura y el urbanismo está desacreditada: "¿queda algún reducto ético en la arquitectura a favor del medio ambiente, de la igualdad y de la libertad fuera del consumo y de la especulación de las industrias de la construcción y de la cultura?".[6]

El proyecto Plan Selva se desarrolló a través de la articulación de recursos del gobierno peruano, la Pontificia Universidad Católica del Perú, el Banco Interamericano de Desarrollo, la Organización Mundial de la Salud (OMS) y empresas privadas, con el fin de mejorar las condiciones de la población educativa en la Amazonía.

En colaboración con la OMS, se definieron zonas clave para intervenir

performance. The result was the definition of five priority districts within the key zones, with the highest concentration of schools and children, located in remote rural areas with the highest average of difficulty of access in the Amazon region.

It began as a theoretical proposal to mitigate the terrible conditions endured by schoolchildren in the Amazon region. These ideas were soon transformed into tangible and dignified classrooms for more than 1,000 students from 10 schools in the districts of Loreto, San Martín, Madre de Dios, Amazonas, and Junín. This is the brief history of the Plan Selva, the Ministry of Education's latest initiative to address the historically deficient school infrastructure in eastern Peru.[7]

As classical polarities dissolve, we observe public and private spheres merging and becoming mixed up in a twilight zone. Within this nameless, epistemological confusion, much of the architectural research is devoted to promoting works for the powerful. And academia, even in the public sector, organizes its teaching programs to train an army of apprentices in these practices. Meanwhile, another (smaller) part of our activity is focused on our most vulnerable communities, operating on the margins to identify urgent needs and show what is lacking, and trying to act accordingly. The alternatives to large-scale, big-name architecture projects and their academic sphere of activity seem to exist in the peripheries, in the post-colonial Hispanic world. From the Mediterranean to Latin America, another type of more site-specific and activist production can be found.

Political activism through architecture has always existed; to claim otherwise is to engage in politics by default. If politics is the social organization of a group that develops

en la región amazónica, cruzando dos indicadores: los lugares con mayor concentración de escuelas sin suministro adecuado de agua y disposición de excretas, y los distritos con los niveles más altos de desnutrición infantil y enfermedades diarreicas agudas. La salud de los niños es la principal razón del ausentismo escolar y una causa directa del menor rendimiento educativo. El resultado fue la determinación de cinco distritos priorizados dentro de las zonas clave, con la mayor concentración de escuelas y niños, ubicados en áreas rurales remotas con el promedio más alto de dificultad de acceso en la región amazónica.

En el principio fue una propuesta teórica para paliar las pésimas condiciones en las que estudian los escolares de la Amazonía. En poco tiempo, estas ideas se convirtieron en aulas palpables y dignas para más de 1 000 alumnos de 10 instituciones educativas de Loreto, San Martín, Madre de Dios, Amazonas y Junín. Ésa es la historia, resumida, del Plan Selva, el más reciente esfuerzo del Ministerio de Educación para saldar parte de la deuda de infraestructura escolar con el oriente del Perú.[7]

Cuando las polaridades clásicas se disuelven, observamos cómo lo público y lo privado colaboran y se confunden en situaciones intermedias que carecen incluso de nombre. Dentro de esta confusión epistemológica, mientras gran parte de la investigación en arquitectura se dedica a difundir las obras para los poderosos y la academia −incluso la pública− acomoda su docencia para formar un ejército de aprendices en estas prácticas, otra porción más reducida de nuestra actividad se enfoca en los sectores más vulnerables de nuestra sociedad, ubicándose

in a space, the design of that space and its material construction depend on the approach taken: depending on their priorities, projects can either integrate or segregate depending, respectively, on the interest in redistributing the quality of life or in perpetuating inequality.[8] Architecture imposes and empowers a hegemony and a marginality, and shows who is included or excluded.

Until recently, our reality, in constant conflict, was the result of a lack of understanding between institutions and civil society. On the one hand, there were government programs with their opaque policies, incapable of tackling the ecological crisis or reversing the capitalist system in its destructive relationship with the environment. On the other, there was our daily existence full of difficulties, hard work, and resistance. In the field of architecture, the clash was also obvious, but with other nuances: the architecture collective Supersudaca used the term "professional autism" to describe the loss of connection between architecture and its space and time, the lack of a broader social intention, and its role as a mere implementation of a political agenda on the territory, with powerful consequences on multiple scales, in which the architects' proposals seemed to have little or no impact.[9] Those who do have an influence, those who study and influence space through a political agenda, those who systematize and present ideological sets of ideas are what Supersudaca has called "world architecture," as opposed to the current state of architecture and its manifestations in works, publications, and events: "the world of architecture."

> For the first time in Peru, the state sought to change the reality of education in the jungle, not only through social policies or economic incentives, but mainly through architecture. What is currently holding Peru back? The

en las partes marginales para detectar las urgencias, visibilizar las ausencias e intentar actuar en consecuencia. En este caso, las alternativas al campo de acción intelectual y proyectual de los grandes proyectos arquitectónicos de autor parecen encontrarse en lo periférico, en el campo poscolonial del ámbito latino, que va desde el Mediterráneo hasta Latinoamérica, mediante otro tipo de producción más situada y activista.

La acción política desde la arquitectura siempre ha existido y quienes niegan tal relación hacen política por omisión. Si la política es la organización social de un grupo que se desarrolla en un espacio, el diseño de ese espacio y su construcción material depende del ángulo desde el cual se actúe: al priorizar unas decisiones, se favorecen situaciones integradoras o segregadoras, dependiendo, respectivamente, del interés por la redistribución de la calidad de vida o por la perpetuación de la desigualdad.[8] La arquitectura impone y potencia una hegemonía y una marginalidad, y señala quiénes están incluidos o excluidos.

Hasta hace poco, nuestra realidad, en continuo conflicto, era el resultado de la falta de entendimiento entre las instituciones y nosotros, como sociedad civil. Por un lado estaban los intereses de los programas gubernamentales, llenos de opacas políticas, incapaces de abordar la crisis ecológica y revertir el sistema capitalista en su modo destructivo de relacionarse con el medio, y por el otro, estaba nuestra cotidianidad llena de dificultades, de cuidados y resistencias. En el ámbito de la arquitectura, el desencuentro también era patente, pero con otros matices: el colectivo de arquitectos Supersudaca denominaba "autismo disciplinar" a la pérdida del vínculo de la arquitectura con su espacio y con su tiempo, a su ausencia en un proyecto social más amplio, así como a su mera instrumentalidad en la instalación de una

lack of infrastructure, the lack of education, and the lack of a state presence in the most challenging places. With its unprecedented approach, Plan Selva is addressing these three issues, with the state joining forces with the private sector, international organizations, and civil society.[10]

Sometimes, the desire of some architects to take a critical approach to reality leads us to relate to other disciplines and to act as anthropologists, sociologists, and politicians. This professional displacement, which we sometimes experience through an impostor complex, feeds the perception that architecture is an instrument of power. The interdisciplinary distance helps to question our technical capacity and responsibility to uncover the political webs and hidden agendas of architecture.

Elizabeth Añaños, Claudia Flores, Sebastián Cillóniz, José Luis Villanueva, Miguel Chávez, Gino Fernández, Alvaro Echevarría, Militza Carrillo, Alfonso Orbegoso, Karel Van Oordt, Daisuke Izumi, Luis Miguel Hadzich, Alejandro Torero, and Carlos Tamayo are part of the Plan Selva team.

They are not a group of impostors. They see themselves as members of a brigade, reflecting on how they design their strategies and carry out their activities. This group of architects claims its right and central role in bringing the architecture of the world into line with the world of architecture: "architects, through objection or commitment, always have a violent impact on the areas where they work, due to their ability to plan images of social institutions on the land, transferring society's political structures or economy into built structures".[11]

In the Plan Selva, reinventing architects-as-professionals as architects-as-social workers ceased to be an option and became a necessity. In an office on Carabaya Street,

agenda política sobre el territorio, con fuertes consecuencias multiescalares, en la que los planteamientos de los arquitectos parecían tener poca o nula incidencia.[9] Aquellos que sí influyen, que estudian y afectan el espacio por medio de una agenda política, los que sistematizan y presentan idearios ideológicos son lo que Supersudaca denominaba "la arquitectura del mundo", en contraste con el estado actual del arte disciplinar de la arquitectura y sus manifestaciones en obras, publicaciones y eventos: "el mundo de la arquitectura".

Por primera vez en Perú, el Estado buscó transformar la realidad de la educación en la Selva no sólo a través de políticas sociales o incentivos económicos, sino fundamentalmente a través de la arquitectura. ¿Qué es lo que frena al Perú actualmente? Pues la falta de infraestructura, la falta de educación y la falta de presencia del Estado en los lugares en condiciones más duras. Con su inédito enfoque, esos tres problemas se están resolviendo con el Plan Selva, alineando al Estado con la empresa privada, los organismos internacionales y la sociedad civil.[10]

En ocasiones, el deseo de algunos arquitectos de aproximarnos a la realidad desde una posición crítica nos conduce a relacionarnos con otras disciplinas y actuar como antropólogos, sociólogos y políticos. Este desplazamiento disciplinar, que a veces vivimos bajo el síndrome del impostor, facilita la percepción de la arquitectura como instrumento de poder. La distancia interdisciplinar colabora en cuestionar nuestra capacidad como técnicos y nuestra responsabilidad de hacer visibles los entramados políticos y las agendas ocultas de la arquitectura.

Elizabeth Añaños, Claudia Flores, Sebastián Cillóniz, José Luis Villanueva,

in downtown Lima, this group of young architects (none older than 31) designed a school construction system based on prefabricated wood and steel modules. They designed not only the classrooms but the whole kit and caboodle, complete with furniture. The modules could also be used to build a library, offices, or a common room. In other words, everything a school needs. They did not design an object, but a whole system.

The Plan Selva's architecture occupies an intermediate and strategic position between various agents at different scales, defining it as an ideal position from which to plan the destruction of dichotomous ideas daring to move between public and private space, city and jungle, social and natural forces, raw and finished materials, and "the legal to the possible": "Humans are no longer defined by a supposedly unique essence separating them from everything else, but by their alliances and exchanges with non-human elements in an 'intermediate' zone".[12] This intermediate land is full of hybrid beings and entities, half object, half subject, that do not yet have regular names, while mediation, as an action in this specific space and time, is where we exist, act, transform, and resist.

The Peruvian Amazon region accounts for 61.1% of the country's territory, with a total area of 785,202 square kilometers. The Amazon regions, 15 out of 24 in Peru, are the least densely populated in the country, with a maximum of 2.82 inhabitants per square kilometer, and a minimum of 1.61. Small indigenous settlements and communities are scattered throughout this land and are distributed along river basins. River transportation is essential for their economies and for access to major cities. Schools follow the same occupation pattern as urban areas and settlements in Amazonia: they are

Miguel Chávez, Gino Fernández, Alvaro Echevarría, Militza Carrillo, Alfonso Orbegoso, Karel Van Oordt, Daisuke Izumi, Luis Miguel Hadzich, Alejandro Torero y Carlos Tamayo forman el equipo del Plan Selva.

No son un grupo de impostores. Se hacen llamar brigadistas por el modo en que diseñan sus estrategias y ejecutan sus acciones. Este grupo de arquitectos reclama su derecho y su papel fundamental en el giro disciplinar de alinear la arquitectura del mundo con el mundo de la arquitectura: "los arquitectos, por objeción o por compromiso, siempre juegan un papel de violencia en los territorios donde operan, por la capacidad que tienen de proyectar en el suelo las imágenes de las instituciones sociales, trasladando la economía o las estructuras políticas de la sociedad a edificios construidos".[11]

En el Plan Selva, la reinvención de la profesión de arquitectos como arquitectos sociales deja de ser una opción para convertirse en una necesidad. En una oficina del jirón Carabaya, en el centro de Lima, este grupo de jóvenes que no superaban los 31 años de edad diseñó un sistema de construcción de colegios a partir de módulos prefabricados de madera y acero. No eran sólo aulas, era un *kit* completo de infraestructura, con mobiliario. Los módulos también podían servir para construir una biblioteca o un área administrativa o de descanso. Es decir, todo lo que una escuela demanda. No era un objeto, era el diseño de un sistema.

La práctica arquitectónica del Plan Selva ocupaba una posición intermedia, estratégica, entre agentes diversos, con escalas muy diferentes, y la definía como un lugar privilegiado para plantearse la destrucción del pensamiento dicotómico y atreverse a transitar entre lo público y lo privado, la ciudad y la selva, las fuerzas sociales y las fuerzas naturales, los materiales en bruto y los transformados, así como entre "lo legal y lo posible": "el ser humano ya no se define

spread out across the territory, and respond to local educational needs.[13]

Perhaps Bruno Latour's reference to a "critical zone" is the most relevant in this case: it refocuses the idea of politics and the progressive composition of the shared world. In this regard, the Plan Selva can rightfully be called political because of its ability to weave morphisms, to be located within heterogenous networks, and to generate new multiplicities from and through the material relations in which it is integrated.[14]

Various Latin American collectives concur that the areas that are extremely poor and remote, excluded and invisible, are the ideal places to confront hegemonic architectural ideas by playing a mediating role that we could call localized architecture. More conceptual than physical, this localization is not incompatible with standardization or technology. Far from the disconnected abstractions of life, which fragments and separates constructions from bodies, this architecture champions the everyday, the familiar, and the basic in order to reconnect with otherness.

It is a minor architecture, because it meets an urgent present-day need:

> To be built, it requires the full repertoire of its characters, stories, and languages at the outset. Although it seems paradoxical, "minorizing" architecture, as Jill Stoner proposes, actually expands the reality with which we work, understanding that what is real is not only the immediate, measurable, and representable form, but also implies another kind of force, often invisible and frequently uncontrollable, and also decisive in the composition and use of spaces.[15]

The Plan Selva is necessary architecture that carefully approaches the reality of the

por una supuesta esencia única que lo separa de todo lo demás, sino por sus alianzas e intercambios con lo no humano en una 'zona intermedia'".[12] Esta tierra media está llena de entidades y seres híbridos, cuasi objetos, cuasi sujetos, que no se dejan nombrar con la terminología ordinaria, mientras que la mediación, en tanto que acción en este espacio-tiempo concreto, es el lugar en el que somos, pensamos, actuamos, transformamos y resistimos.

> El territorio amazónico peruano ocupa 61.1% de la superficie nacional, con un total 785 202 km². Las regiones amazónicas, 15 de las 24 del Perú, son las menos densas del país, con un máximo de 2.82 hab/km², y llegan a tener 1.61 hab/km². Los pequeños centros poblados y comunidades nativas están dispersos en el territorio y organizados a lo largo de las cuencas de los ríos. Dependen directamente del transporte fluvial para realizar sus actividades económicas y acceder a servicios que se encuentran en las ciudades más importantes. Los locales escolares siguen el mismo patrón de ocupación que las ciudades y centros poblados de la Amazonía: están dispersos en el territorio, ya que responden a la demanda educativa de la población.[13]

Quizá la denominación de zona crítica, sugerida por Bruno Latour, es la más acertada en este caso: reenfoca la noción de política como la composición progresiva del mundo común. En este sentido, el Plan Selva puede calificarse legítimamente como político, por su capacidad para tejer morfismos, situarse dentro de redes heterogéneas y generar nuevas multiplicidades desde y a través de las relaciones materiales en las que se inscribe.[14] Los territorios de pobreza extrema, los de difícil acceso, los de exclusión y los invisibles

Peruvian Amazon region, attentive to its uniqueness and its circumstances; when it rains, the noise of the raindrops on the typical metal roofs of the region interferes with the teaching in the classrooms; in a downpour, the hole for the latrines (not designed to withstand floods) fills with water and feces overflow, covering everything in shit.

se confirman respecto a diversos colectivos latinoamericanos como los ámbitos idóneos donde plantar cara a los planteamientos disciplinares hegemónicos mediante una arquitectura de mediación que podríamos llamar de proximidad. Más conceptual que física, esta proximidad no es incompatible con la estandarización ni con la tecnología. Alejada de la abstracción desconectada de la vida, que fragmenta y separa las construcciones de los cuerpos, esta arquitectura reivindica la cotidianidad, la familiaridad y lo esencial para reconectar con la otredad.

Es una arquitectura menor, porque responde a una urgencia del presente:

> Requiere, para ser construida, todo el repertorio de personajes, historias y lenguajes que acompañaban su despliegue. Aunque parezca paradójico, *minorizar* la arquitectura, como propone Jill Stoner, supone ampliar la realidad con la que trabajamos y entender que lo real no es sólo la forma inmediata, medible y representable, sino que implica también otro tipo de fuerzas, muchas veces invisibles y a menudo incontrolables, pero siempre determinantes en la composición y uso de los espacios.[15]

El Plan Selva es una arquitectura necesaria, que se aproxima a la realidad de la Amazonía peruana con cuidado, atenta a lo singular y lo circunstancial: cuando llueve, el ruido del impacto de las gotas sobre las calaminas metálicas, material típico de techado en la región, interfiere con el dictado de clases; y si llueve todavía más, el hoyo de las letrinas que no están diseñadas para resistir inundaciones se llena de agua y libera las excretas, llenando todo de mierda.

[1] Atxu Amann Alcocer, Madrid, November 20th, 2023.
[2] Stanislav Lem, *One human minute,* Harvest Book, Oregon, 1986.
[3] Uriel Fogué, "El diálogo del ventrílocuo: bases hermenéuticas para una conversación arquitectónica entre humanos y no humanos" in *Planos de intersección. Materiales para un diálogo entre filosofía y arquitectura*, Luis Arenas and Uriel Fogué (Eds.), Lampreave, Madrid, 2011.
[4] Paul A. Baran, *El compromiso del intelectualidad. Pensamiento latinoamericano*, Editorial Nuestro Tiempo, Mexico, 1979.
[5] Josep Maria Montaner and Zaida Muxí, *Arquitectura y política. Ensayos para mundos alternativos*. GG, Barcelona, 2011.
[6] Josep Maria Montaner and Zaida Muxí, *ibid*.
[7] Luis García Bendezú, "Plan Selva: colegios prefabricados adaptados a la Amazonía", *El Comercio*, Lima, March 19th, 2016.
[8] Josep Maria Montaner and Zaida Muxí, *op.cit*.
[9] Supersudaca, "El giro Supersudaca", *Circo*, núm. 222: Los límites de lo urbano, 2016.
[10] Arkinka, num. 249, August, 2016.
[11] Daniel Torrego and José Manuel Prieto González, *Rebeldes con causa: nuevos arquitectos para reconectar con la sociedad*. Available at: https://www.scielo.org.mx/pdf/ins/n12/2007-4964-ins-12-00004.pdf, 2016.
[12] Susana Velasco, *A partir de fragmentos dispersos. Arquitecturas de mediación entre el cuerpo y el paisaje*, Asimétricas, Madrid, 2018.
[13] See: https://www.gob.pe/inei/
[14] Bruno Latour and E. Hermant, "Esas redes que la razón ignora; laboratorios, bibliotecas y colecciones en Retos de la posmodernidad." *Ciencias sociales y humanas*. Trotta, Madrid, 1999.
[15] Lucía García Jalón, prologue of *Hacia una arquitectura menor* (Toward a Minor Architecture) by Jill Stoner, Bartlebooth, Madrid, 2018.

DE PLANEAR LA SELVA AL PLAN SELVA, O SOBRE UNA ARQUITECTURA CONTINGENTE
FROM PLANNING THE JUNGLE TO THE PLAN SELVA, OR ON A CONTINGENT ARCHITECTURE
CAMILO RESTREPO

Camilo Restrepo Ochoa. Architect from the Pontifical Bolivarian University (UPB) in Medellín. Between 2004 and 2005 he studied for a master's degree in the Metropolis program at the Polytechnic University of Catalonia (UPC) and the Center of Contemporary Culture of Barcelona (CCCB). Design critic at the Graduate School of Design at Harvard University between 2013 and 2016, and from 2020 to date, as well as guest editor of the Japanese architecture magazine *a+u* for the special edition on Colombia. In 2010, with Juliana Gallego Martínez, he founded AGENdA, an architecture agency in Medellín.

Camilo Restrepo Ochoa. Arquitecto por la Universidad Pontificia Bolivariana de Medellín. Entre 2004 y 2005 cursó la maestría en el programa Metrópolis de la Universitat Politècnica de Catalunya y el Centro de Cultura Contemporánea de Barcelona. Ha sido crítico de la Graduate School of Design de la Universidad de Harvard entre 2013 y 2016, y desde 2020 hasta la fecha, así como editor invitado de la revista japonesa de arquitectura *a+u* para el número especial sobre Colombia. En 2010, con Juliana Gallego Martínez, fundó la oficina AGENdA, agencia de arquitectura en Medellín.

Oxymorons regularly contain the most interesting ideas that help expand or create knowledge in various fields. Architecture is no exception. Before they become architecture, forms begin as ideas, and architecture is a way of thinking that, transcending the semantic nightmare of the 1960s and 70s, also has its own languages. Perhaps language, too, can embrace two apparently contrasting meanings; the ideas it contains try to slip by unnoticed, as if expressing a self-evident truth, or because of their composition, an explosive remark.

Ideas encapsulated in an oxymoron make us think twice, whether we are discussing architectural ideas or simply rhetorical operations. First, to give us time to understand what is being said; to stop words coming out of our mouths before our brains are in gear. Second, to make sure that when we express a figure of speech or an architectural idea, we can find another perspective on the world; not just by asking questions but by forcing us to comprehend something new in order to produce something fresh, something we might call innovation. Perhaps the most surprising thing about this linguistic device is that it constructs a third concept, a different idea. As a result, this new notion often creates freedom and other meanings that go beyond the obvious or the commonplace, offering solutions for an architecture that today is so often weighed down by clichés and catchphrases.

Let us pause to consider what an expression such as Plan Selva (Jungle Plan) can tell us; first, out of context, as a simple phrase, and then in relation to the corresponding government policy and its implications for architecture. We can then align it with a series of annotations that allow us, as the oxymoron promises, to construct knowledge.

At first glance, the jungle has no plan. In fact, planning something in the jungle seems a rather pointless exercise given its nature. Unlike urban or rural environments,

Habitualmente, las ideas más interesantes que ayudan a expandir y a producir conocimiento se entregan en forma de oxímoron. La arquitectura no es ajena a esta situación, pues las formas, antes que ser arquitectura, son derivadas del pensamiento, y la arquitectura es una manera de pensar, que más allá de la pesadilla semántica de los años setenta y ochenta, también tiene sus lenguajes. Quizá esto sucede por las maneras que adquiere el lenguaje cuando nos plantea dos significados aparentemente opuestos, haciendo que las ideas traten de pasar desapercibidas, como si lo que se estuviese diciendo fuera una obviedad, o por su composición, un exabrupto.

Lo interesante es que las ideas encapsuladas en forma de oxímoron nos obligan a pensar dos veces, sea que se trate de ideas de arquitectura o simplemente de operaciones lingüísticas. Primero, para comprender lo que se está diciendo y así evitar que la boca vaya más rápido que el cerebro. Segundo, para asegurar que, en la expresión misma de la figura literaria, o en la idea arquitectónica, se encuentra otra manera de ver el mundo desde una perspectiva diferente, no sólo haciendo preguntas sino llevándonos a realizar un esfuerzo, aquel de comprender algo nuevo, y así, producir una nueva configuración llamada posiblemente innovación. Pero tal vez lo más sorprendente de semejante figura literaria es que construye un tercer concepto, y con éste, una nueva idea, la cual, en la mayoría de los casos, aporta libertad, y con ésta, otras salidas, más allá de lo evidente o lo circulante, a la arquitectura de estos tiempos, usualmente presa de clichés y muletillas.

Veamos con paciencia lo que una expresión o un título como el de *Plan Selva* puede llegar a decirnos. Primero, analicémoslo fuera de este contexto, como una expresión más, para luego mirarlo en relación con la política de gobierno que nos reúne y sus implicaciones para la arquitectura. Así, después, hacerlo coincidir con una serie de

the jungle is not structured according to principles based on the ideology of the machine and its operation inspired by modernity. The jungle does not respect artifice; it lies beyond the boundaries of urbanization and does not pause for ineffectual struggles or temporary conquests to bring it under human control. This natural environment offers no options, because it constantly reclaims what belongs to it, radically affecting those who try to inhabit it: either you learn to live and develop a lifestyle in harmony with its rhythms, or you disappear. Mankind is impotent in the face of its power, and frustrated by its inability to understand or control it by measuring, quantifying, standardizing, or classifying it in absolute terms. So we often choose to raze it to the ground, applying the same principles and rationales we use for our own "natural" setting or quintessential creation: the city, a tabula rasa. We can therefore claim to have appropriated it, showing our lack of imagination by seeing it purely in monetary terms.

Today, cities and rural areas are clearly fighting for their daily survival, by adding external energy, urbanizing, and exploiting to control and contain all the surroundings and what lies beneath them. Their techniques and technologies include the retention and channeling of rainwater, the construction of buildings that block airflow, the air-conditioning of interiors: these are just some of the most obvious examples of human artifice to make the planet inhabitable according to our idea of comfort, which essentially means keeping nature at bay.

History has shown the futility of urbanizing or trying to tame the jungle. We can look at the examples of Fordlandia to Fitzcarraldo, ravaged by malaria or Chagas disease. The jungle is a harsh habitat for humans, particularly outsiders or those keen to turn it into a natural fantasy world as conceived in comfortable urban surroundings. But sometimes, if we combine reality with fiction,

anotaciones que nos permiten, tal como el oxímoron promete, construir conocimiento.

A primera vista, la selva no tiene un plan y tampoco tiene mucho sentido planear algo allí, sobre todo cuando planear o actuar sobre la selva va contra la lógica del sitio en cuestión, la selva misma. A diferencia de lo urbano o lo rural, la selva no está estructurada sobre principios construidos por la ideología de la máquina y su operación animada por la modernidad. Por su carácter, la selva no respeta artificios, pues se encuentra fuera del ámbito de urbanización y no da pausa a batallas infructuosas o a conquistas temporales para el dominio humano. No da opciones, pues al reclamar constantemente lo que le corresponde y le perteneció, produce un efecto radical sobre aquellos que intentan morar allí: o se aprende a vivir y a desarrollar una forma de vida al ritmo que ella impone, o se desaparece. Por esta razón, el hombre, al sentirse impotente frente a su poder, y en su frustración, no entenderla o ser incapaz de colonizarla, es decir, de hacerla medible, cuantificable, estandarizada y clasificable en términos absolutos, sólo opta en muchos casos por arrasarla, bajo los mismos principios y lógicas que utiliza en su "entorno natural", en su máxima creación, la ciudad: *tabula rasa*. Así puede decirse a sí mismo que se apropia de ella, cuando carece de imaginación y la mira sólo con base en valores económicos de retorno.

Hoy ya es claro que la ciudad y la ruralidad se resisten a desaparecer día tras día, a partir de agregar energía externa, de urbanización o de explotación, para controlar y contener todo lo que le rodea y yace bajo ellas. Incluso lo hacen a partir de la técnica y la tecnología. Contener el agua de lluvia y encauzarla, construir de manera resistente contra los vientos, climatizar los interiores, son sólo algunos de los ejemplos más obvios de los artificios humanos para hacer habitable el planeta bajo su idea de confort, que no es otra cosa que mantener la naturaleza a raya.

or even stubbornness with folly, we can clearly see how the jungle swiftly recovers and expands to regain lost ground, thwarting all petty attempts to dominate it or to bring it under some kind of control. On the other hand, planning is as integral to government as order is to architecture.

The Plan Selva's architectural and social program, conceived and coordinated by Elizabeth Añaños and her team, is a wonderful oxymoron of a pragmatic social investment in a political program that also asks questions about architecture's role in such contexts. It even leads us to celebrate this initiative's success, under the political pressure to deliver results with an ambitious, almost utopian scheme.

It is anomalous, perhaps heroic, for a government as centrist as Peru's to intervene strategically in the jungle with a contingent architecture. This is a place where architecture at first seems the only thing that is not necessary; some might make the traditional and obtuse argument that remote, long-forgotten communities "only" need assistance in the form of social welfare, education, healthcare, improved housing, sex education, infrastructure. From this perspective, architecture is superfluous. It is certainly surprising that, even today, in these times of incoherent populism and ideologies, a government has agreed to use architecture as an instrument of transformation, in a determined bid to reach those most in need, not only because of their ethnic background but also given the remoteness and fragility of their territory, none other than the Peruvian Amazon.

The Plan Selva is interesting architecturally, and because it goes against the grain of architects trying to practise their profession without producing architecture, or imposing architecture as a finished product, oblivious to its surrounding context and culture. These two extremes now put architects in an

La historia ha demostrado lo infructuoso que es urbanizar la selva o tratar de dominarla, desde Fordlandia hasta Fitzcarraldo, afectados por la malaria o el mal de Chagas. La selva no es un ambiente fácil para la vida humana, en particular cuando no se ha nacido allí o se trata de transformarla en un lugar parecido al que sueña un individuo que idealiza la naturaleza desde el confort que lo urbano ofrece. Pero algunas veces, hilando la realidad con la ficción, o incluso la tozudez con la imbecilidad, vemos con claridad que la selva reclama lo propio y que a la más mínima pausa se expande para recuperar el espacio que le pertenece, arrebatándole las pequeñas conquistas a la acción de gobernarla, al acto mismo de intentar darle un orden o imponerlo. Si algo caracteriza el sentido de gobierno, es su impulso para planear, así como el de la arquitectura es dar orden.

La maravilla del oxímoron y lo que el Plan Selva propone, visto desde el programa arquitectónico y social emprendido y liderado por Elizabeth Añaños y su equipo, es una serie de acciones que sin dejar de atender lo práctico y más pragmático de la inversión social enmarcada en un programa político, nos lleva a hacernos preguntas sobre la pertinencia de la arquitectura en semejantes contextos, e incluso a celebrar lo exitoso de esta operación bajo la presión política de búsqueda de resultados y ante un programa ambicioso y casi utópico.

Resulta anómalo, incluso heroico, que un gobierno tan centralista como el peruano decida intervenir en la selva a partir de piezas estratégicas de arquitectura contingente, en un lugar donde, a primera vista, lo único que quizá no es necesario es la arquitectura, pues para atender poblaciones en el olvido y la lejanía, desde una manera tradicional y obtusa, dirían algunos, "sólo" se requiere apoyo social, educación, salud, mejoramiento habitacional, educación sexual, infraestructuras sociales, etc. Aún hoy, en estos tiempos de populismo e ideologías incoherentes,

awkward position. As Jeremy Till writes in his fascinating book, *Architecture Depends*:

> In the name of political rectitude, power was passed from architect to community; in the enforced relinquishment of power, the expert professionals also relinquished their knowledge… As mere technical facilitators the architects were not able to use their embedded knowledge transformatively; rather, their skills were just used instrumentally.[1]

Thinking about architecture for the Peruvian Amazon requires us to consider how we can create architecture in which dwellings exist halfway between ancestral knowledge and the rapid implementation of industrialized materials. Attempting to assemble these objects to create a space tends to produce something far removed from the romantic notion of bricolage. But in the case of the Plan Selva, high quality spaces are indeed possible. In the hands of architects without ideas, or through simple public policies and administrative decrees, the use of resources casts doubt on the cultural coherence that these solutions can have in relation to the idea of quality of life in remote areas. Perhaps they can no longer be justified by the use of purely urban materials or local resources extracted ad hoc, offering a solution but without any underlying idea or intention.

This calls into question the appropriateness of considering architecture as an ideology; this onerous approach often ends up offering up something extraordinary within an ordinary context. It also queries the ability to frame architecture as an infinite array of possibilities which, before taking shape, involves a raison d'être, and emerge from the rhythm of opportunities, departing from all the actions that makes today's architect an instrument rather than an agent.

sorprende el hecho de que un gobierno haya aceptado utilizar la arquitectura como instrumento de transformación, y haya puesto todo su empeño en llegar a los más necesitados, no sólo por su origen étnico, sino también por lo remoto y frágil del territorio, nada más y nada menos que en la Amazonía peruana.

La operación del Plan Selva es interesante desde la disciplina misma y contrario a la lógica de estos tiempos, en los que se pretende hacer arquitectura sin hacer arquitectura, o imponer la arquitectura como pieza terminada y sorda a los contextos y culturas en los que se inserta. Dos extremos, que si bien son contemporáneos, dejan mal parados a los arquitectos. Así lo señala Jeremy Till en su fascinante texto *Architecture Depends*:

> En nombre de la rectitud política, el poder pasa del arquitecto a la comunidad; y en la renuncia forzosa del poder, los profesionales expertos también renuncian a su saber. Y así, entonces sólo como facilitadores técnicos, los arquitectos no pueden utilizar su conocimiento incorporado de manera transformadora; más bien, sus habilidades sólo se usan instrumentalmente.[1]

Pensar la arquitectura para la Amazonía peruana nos obliga a pensar en cómo hacer arquitectura allí donde existen soluciones habitacionales a medio camino entre algún conocimiento ancestral y la rápida implementación de materiales industrializados que, habitualmente, al tratar de ensamblarse para constituir un espacio, dan como resultado final algo que dista bastante de la idea romántica del *bricolage*. Pero en el caso del Plan Selva se confirma que se pueden proveer estándares altos de calidad espacial, al hacer uso de recursos que en manos de arquitectos sin ideas, o de simples políticas públicas y decretos administrativos, dejan dudas sobre la coherencia cultural que estas soluciones

But perhaps the most striking aspect of this plan is the vast number of questions it raises about architecture, and the policies and politicians who use it, while at the same time, its long list of demonstrations looms over the form that architecture must take in order to operate and reach such places without caricaturing itself or becoming an accumulation of styles without a discernable purpose.

The innovation proposed by the Plan Selva is to place architecture on a purely contingent level; in other words, to continue building, making, intervening, and developing a language. And listening first. Placing architecture as a universe of possibilities, within a limited set of elements that can be carried out on site, without sacrificing functionality to create something iconic, but without functionality taking precedence over what is comfortable and beautiful, understanding its location and for whom it is working. Its conceptual structure, almost like a map of options, allows for adaptations, modifications, and interpretations. It need not shy away from the idea of a single author. Rather, it should affirm the creative authority of a team of experts who can open themselves to the world in order to mediate. As such, instead of being a specific, closed-off, and self-referential action, architecture can be a way of thinking that tolerates opposing viewpoints and is open to incorporating them into its practice, in a challenging and complex terrain that is not free of criticism and interpretation.

Finally, we need to keep in mind the two main lessons learned from the Plan Selva. The first is that architecture can simultaneously articulate social responsibility and professional issues, taking on its own elements and resources by respecting local contexts. Today, this way of creating is rare, because the radicalism of the different critical tribunes has led to extreme positions, even with a great similarity to the discussions of the 1970s when one either created architecture or talked about it,

pueden tener en relación con la noción de calidad de vida en lugares remotos, y que quizá no puede seguir justificándose a partir de materiales puramente urbanos o extraídos de manera improvisada del lugar, sin ideas o intenciones, más allá de ofrecer una solución.

Esto nos permite dudar de si la respuesta más adecuada es la pesada condición que lleva la arquitectura como ideología, que muchas veces llega a ser vista sólo como condición extraordinaria dentro de lo ordinario, o de la oportunidad de enmarcar la arquitectura como un sinnúmero de posibilidades que, antes de ser forma, involucran una lógica, una razón de ser, y emergen al ritmo de sus oportunidades, desviándose de todas las acciones que hacen que el arquitecto sea hoy un instrumento antes que un agente.

Pero quizá lo más agudo de este plan es la gran cantidad de dudas que plantea sobre la arquitectura y las políticas y políticos que hacen uso de ella, mientras que su amplio menú de demostraciones se cierne sobre la forma que debe adquirir la arquitectura para operar y llegar a semejantes lugares sin ser una caricatura de sí misma, ni una acumulación de estilo sin propósito alguno.

La innovación que propone el Plan Selva es posicionar la arquitectura en un campo puramente contingente, es decir, sin renunciar a construir, hacer, intervenir y desplegar un lenguaje, respetando el oír, antes que el hacer. Posiciona la arquitectura como un universo de posibilidades, dentro de un *set* acotado de elementos que permiten ser llevados a cabo en sitio, sin privilegiar lo icónico sobre lo funcional, pero sin enaltecer lo funcional por encima de lo confortable o lo bello, comprendiendo dónde se encuentra y para quién está trabajando. Su estructura conceptual, casi a manera de mapa de opciones, permite incorporar adaptaciones, modificaciones, e interpretaciones, alejándose, sin esconderse, de la idea de autor único, pero reivindicando una autoridad creadora

with an unbridgeable gap between the two; the creators focused exclusively on forms and appearances, while the theorists (self-proclaimed social and community leaders) gave up on construction as if it were useless. In this case, thanks to its contingent ability, architecture can strike a delicate balance: before resorting to the immediate solution of the iconic structure or style, it repositions the architect as an agent and even provides the politician with technical and operating instruments to fulfil an overwhelming reality, without ignoring its virtue of making it possible or forsaking quality and beauty.

The second lesson is that policies of change are indeed useful and transformative in the hands of capable people, when ideas come before results, imagination and optimism before technical maneuvers. Learning to think in architectural terms is difficult because people make buildings every day, and therefore meaningful transformations take time.

de un equipo de expertos que es capaz de abrirse al mundo para mediar y hacer que la arquitectura, antes que ser una determinada acción, cerrada y autorreferencial, pueda ser una manera de pensar que tolera opiniones contrarias y es capaz de involucrarlas en su hacer, en un territorio difícil, complejo y no libre de críticas e interpretaciones.

Por último, es necesario destacar dos aprendizajes del Plan Selva. El primero, que la arquitectura puede lograr, de forma simultánea, la articulación de la responsabilidad social y cuestiones disciplinares, y asumir sus propios elementos y recursos respetando los contextos en los que trabaja. Esta manera de hacer, en estos tiempos, es escasa, pues el radicalismo de las diferentes tribunas críticas ha llevado a estas posiciones al extremo, incluso con un altísimo parecido con las discusiones de los años setenta, en las que se hacía arquitectura o se hablaba de ella, pero el abismo era insalvable, pues los primeros extremaban su atención en el formalismo y la apariencia, y los segundos, autoproclamados líderes sociales y comunitarios, daban por inútil el hecho de construir, el hacer. En este caso, la arquitectura es capaz de encontrar un difícil balance, gracias a entender su capacidad contingente antes que asistir a la inmediatez del icono o el estilo, al reubicar al arquitecto como agente e incluso proveyendo de instrumentos técnicos y operativos al político, para cumplirle a una realidad avasalladora sin perder de vista su virtud, aquella de hacerse posible sin olvidar la calidad y la belleza.

El segundo, que las políticas de transformación son en verdad útiles y transformadoras cuando están en manos de personas capaces, aquellas en las que priman las ideas antes que los resultados, la imaginación y el optimismo antes que los tecnicismos. De ahí que aprender a pensar en términos arquitectónicos sea tan difícil, pues hacer se hace todos los días, y por eso, transformar con contenido cuesta tiempo.

1 Jeremy Till, *Architecture Depends*, MIT Press, Cambridge, 2009.

EL PLAN SELVA O LA SUPERACIÓN DE LA MODERNIDAD
PLAN SELVA, OR OVERCOMING MODERNITY
LUIS RODRÍGUEZ RIVERO

Luis Rodríguez Rivero. Architect, urban planner and master of science with special mention in Architecture, History, Theory and Criticism from the National University of Engineering (UNI). PhD in architecture and planning from the Paris-Saclay University. Principal professor and head of the Department of Architecture at the Faculty of Architecture and Urbanism of the Pontifical Catholic University of Peru (PUCP). Former director of the Center for Research on Architecture and the City. Currently a consultant and designer in urban and social housing issues. Rodríguez has received several awards and distinctions. Director of *Revista A, Arquitectura PUCP*. Co-author with Jitka Molnárová, Álvaro Espinoza and Ricardo Fort, *Otro urbanismo para Lima. Más allá del mejoramiento de barrios* (Lima, PUCP, 2017); with Wiley Ludeña Urquizo and Jitka Molnárová, *Lima(polis) 2014. Discutir, proyectar, pensar* (Lima, PUCP, 2019), among others. As an individual author, *Modernidades conservadoras* (Lima, PUCP, 2023).

Luis Rodríguez Rivero. Arquitecto, urbanista y maestro en ciencias con mención en arquitectura, historia, teoría y crítica por la Universidad Nacional de Ingeniería. Doctor en arquitectura y planeamiento por la Université París-Saclay. Profesor principal y jefe del Departamento de Arquitectura en la Facultad de Arquitectura y Urbanismo de la Pontificia Universidad Católica del Perú (PUCP). Fue director del Centro de Investigación de la Arquitectura y la Ciudad. Actualmente, es consultor y proyectista en temas urbanos y de vivienda social. Ha obtenido diversos premios y distinciones. Fue director de la *Revista A, Arquitectura PUCP*, y ha publicado, entre otros libros, con Jitka Molnárová, Álvaro Espinoza y Ricardo Fort, *Otro urbanismo para Lima. Más allá del mejoramiento de barrios* (Lima, PUCP, 2017); con Wiley Ludeña Urquizo y Jitka Molnárová, *Lima(polis) 2014. Discutir, proyectar, pensar* (Lima, PUCP, 2019), y de manera individual, *Modernidades conservadoras* (Lima, PUCP, 2023).

Plan Selva's prefabricated modular system, used in the education infrastructure program of Peru's Ministry of Education (Minedu), undoubtedly marks a turning point in Peruvian architecture. Political upheavals, the state's current fragmentation, teaching methods rooted in the 20th century, and the persistence of a business-oriented economic elite that still has a strong grip on local architecture, are some of the factors preventing the program from reaching its full potential. Nevertheless, some changes can be seen in various aspects of local architectural practices.

Similar developments to Plan Selva took place simultaneously in Peru, albeit on a smaller scale. Most Peruvian architects were unfamiliar with the agenda of these projects and the people working on them. However, without taking anything away from these other initiatives and their protagonists, Plan Selva is an inflection point that marks a "before" and an "after" in local architecture when compared to the state of the profession in previous decades.

Since the mid-20th until the early 21st century—in other words, during the period influenced by modernity—three factors have prevented Peruvian architecture from developing an assertive gaze and effective actions that could help the country evolve in a territorial, urban, and architectural sense: a lack of grounding in reality, the depoliticization of architecture, and the loss of architecture's ability to transform society.[1] These three shortcomings distanced architecture from modernity's most important goal: Peru's urgent need for a more just and equitable society.

This text is based on the idea that Plan Selva has largely overcome these three shortcomings that had disconnected modern Peruvian architecture from society's interests and citizens' needs.[2] An analysis of the decisions taken for Plan Selva's management, logistics, design, construction, and

No es exagerado decir que el Sistema Prefabricado Modular Plan Selva, del Programa Nacional de Infraestructura Educativa del Ministerio de Educación (Minedu), constituyó un punto de quiebre en la arquitectura peruana. Es cierto que los vaivenes de la política, la fragmentación existente en el Estado, las formas de enseñanza ancladas en el siglo XX y la persistencia de una élite económica de corte más bien mercantil, que mantiene cierto protagonismo en la arquitectura local, entre otros factores, han impedido que el impacto del programa sea mayor de lo que podría y debería ser, pero a pesar de estas circunstancias se notan algunos cambios en diversos aspectos de la disciplina arquitectónica local.

Se debe anotar que de forma simultánea al Plan Selva se dieron sobre el territorio peruano otras experiencias análogas en temática y preocupación, aunque ciertamente no en la misma escala, con proyectos y proyectistas cuyas agendas eran diferentes a las acostumbradas en ese momento por el grueso de los arquitectos y arquitectas en el Perú. Sin embargo, sin restarle importancia a esos otros protagonistas y emprendimientos, el Plan Selva es un punto de ruptura que marca un antes y un después en la arquitectura local respecto a la dinámica disciplinar de varias décadas anteriores.

El desarrollo de la arquitectura peruana desde mediados del siglo XX hasta principios del XXI, es decir, durante el periodo marcado por la influencia de lo moderno, ha estado caracterizado por tres aspectos que le han impedido construir una mirada asertiva y llevar a cabo acciones efectivas que coadyuven al desarrollo del país a partir de lo territorial, lo urbano y lo arquitectónico. Estos tres aspectos son la falta de sentido de realidad, la despolitización de la arquitectura y la renuncia a la capacidad de transformación de la sociedad por medio de la arquitectura.[1] Estas tres falencias alejaron a la arquitectura del objetivo

implementation is the key to leaving behind formal and ineffectual architectural modernity, challenging Peru's social, economic, productive, and cultural transformation, which contains quasi-colonial customs and dynamics that are damaging to the country. This essay seeks to explain modernity's weaknesses and how Plan Selva has taken important steps to overcome them.

CONSTRUCTING A MEANINGFUL REALITY

Architecture obviously requires an understanding of reality on several levels, from highly objective considerations (current regulations, climate, materials), to more subjective factors (assessment of the physical context, client's needs, spatial practices). However, beyond the aspects that are integral to its production, architecture faces an interesting paradox, since it can be closely connected to "real" considerations yet remains distant from what we understand by reality. This happens because what we call reality is not the sum of events and the objects around us, but the subject's interpretation of them and their relations.[3] Responding to current regulations, market pressures, contexts, and the latest trends is often the quickest way to become distanced from reality.

This phenomenon is partly caused by the fact that societies and communities build imaginaries that take root in the unconscious, as will be explained below. These imaginaries, with which architects and experts in various fields must always contend, include centralism and the country's resulting peripheralization, prevailing classism, and even racism, leading to decisions being taken in the centers of political, economic, and cultural power. This has happened both in the country's capital, Lima, and in other regional centers, and it has prevented the necessary commitment to the understanding of their respective environmental, material, cultural, and social

más importante que la modernidad enunció: la consecución de una sociedad más equitativa y justa —de gran urgencia en Perú—.

Este texto parte de la presunción de que el Plan Selva ha logrado superar en gran medida estos tres rasgos defectivos, que hicieron de la arquitectura peruana moderna una actividad desentendida de las necesidades de los ciudadanos y los intereses de la sociedad.[2] El análisis del proceso y las sucesivas decisiones de gestión, logística, diseño, construcción e implementación del Plan Selva encierran las claves para la superación de esa modernidad arquitectónica, más bien formal e impotente, frente a las transformaciones de ese orden social, económico, productivo y cultural que mantiene en su seno dinámicas y costumbres cuasi coloniales y nocivas para el país. En qué consisten estos aspectos insuficientes de lo moderno, y de qué manera el proceso del Plan Selva ha dado pasos importantes para superarlos, es lo que se intentará explicar en las siguientes líneas.

LA CONSTRUCCIÓN DE UNA REALIDAD CON SENTIDO

Es obvio que la producción arquitectónica demanda un entendimiento de la realidad en distintos niveles, desde aspectos muy objetivos, como la normatividad vigente, el clima y el mercado de materiales, hasta otros más subjetivos, como la valoración del contexto físico, los deseos y necesidades del cliente y sus prácticas espaciales, entre otros. Sin embargo, al margen de la naturaleza de los aspectos involucrados en su producción, la arquitectura plantea una paradoja interesante, pues puede ejercerse trabajando de manera muy estrecha con los aspectos "reales" y al mismo tiempo mantenerse al margen de lo que entendemos por realidad. Esto sucede porque lo que llamamos realidad no es la suma de los objetos que nos rodean y los hechos que suceden, sino la interpretación que el sujeto hace de ellos y sus relaciones.[3]

Brigadas en Frontera (BeF) llegando a la comunidad Contamana.

Brigadas en Frontera (BeF) reaching the community of Contamana.

realities. Education Minister Jaime Saavedra achieved initial success by distrusting existing data about Peru's education sector; he realized that essential information was missing and commissioned a new survey of the infrastructure to take a fresh look at the reality of the sector.[4]

This new information improved the understanding of the target areas. However, during the program's implementation, discrepancies arose that required updating. For instance, furniture did not meet anthropometric norms or the regular use of classrooms and open spaces. Brigades were also set up. They shifted the focus and devised the methodology for gathering local information in order to introduce more accurate information about climate variations, recipient communities, specific needs, and socio-spatial dynamics. These new criteria were crucial for understanding the difficulties of accessibility, which in turn caused problems such as absenteeism, tardiness, and a shortage of teaching staff. The Peruvian state has failed to improve accessibility in the Amazon region; instead, it has concentrated on main regional routes due to manufacturing demands. Meanwhile, the authorities have overlooked many isolated indigenous communities, villages, and adjacent areas scattered throughout the rainforest because their low population density has meant these regions have only had a marginal effect on closing gaps in Peruvian society. Some locations are more than a day's journey from

Responder a la normativa vigente, las demandas del mercado, el contexto y las últimas tendencias suele ser el camino más rápido para alejarse de la realidad.

Esto sucede, entre otras cosas, porque las sociedades y comunidades construyen imaginarios que se instalan en el inconsciente, como se explicará más adelante. Algunos de estos imaginarios, contra los que arquitectos y expertos en distintas disciplinas deben luchar permanentemente, son el centralismo y la consecuente periferialización del país, el clasismo dominante, e incluso el racismo, que llevan a tomas de decisiones desde los centros de poder político, económico y cultural. Esto ha ocurrido tanto en Lima, la capital del país, como en las capitales de región, y ha impedido el necesario compromiso con el conocimiento en cada una de las realidades ambientales, materiales, culturales y sociales sobre las que se opera. En este sentido, uno de los primeros aciertos de la gestión del ministro Jaime Saavedra fue la de desconfiar de la data existente en el sector educación, al entender que la principal brecha es la informativa, y encargar un nuevo censo de infraestructura que redibujara la realidad del sector.[4]

Esta nueva información dio lugar a un mejor entendimiento de la situación de las áreas por trabajar. Sin embargo, en el proceso de implementación del programa aparecieron discrepancias que exigían actualizaciones, como ocurrió con la norma para

Brigadas en Frontera (BeF) dirigiéndose a la comunidad Contamana.

Border Brigades (BeF) heading to Contamana community.

their respective municipal capitals, an isolation that potentially jeopardizes the long-term viability of any program.

Inaccessibility also impacts the project's implementation when we consider those locations that are only accessible by rivers of varying depths and by travelling through geographical areas such as Peru's *pongos* (canyons), where some of the boat's cargo—such as bags of cement, bricks, and steel—is usually lost. Understanding this reality not only requires the presence of architects in remote areas, where local populations have no services—drinking water, electricity, transport, healthcare—but it also means that the information obtained reveals the difficulties involved in implementing and sustaining the program in question. In other words, the difficulty of grasping the reality on the ground is not only about traveling to a region in which more than half a million citizens are practically struggling for survival on a daily basis; it can also jeopardize the projects' implementation. The design process itself therefore becomes an exercise in directly taking stock of reality by gathering local quantitative and qualitative information, shifting from the paradigm of designer as creator to that of the researcher and compiler of hard data.

Unfortunately, the imaginaries about the Amazon region[5] that are hardwired into Peru's collective psyche do not help in the developing of proposals that could resolve specific problems, especially in a society in

el mobiliario, que no se ajustaba a la antropometría ni a los usos del trabajo diario en el aula y las áreas abiertas. A esto se sumó la constitución de las brigadas, que modificó los criterios de focalización y abrió la metodología para el levantamiento de información del territorio al incorporar datos más precisos de las variaciones climáticas, la población beneficiaria, las necesidades específicas y las dinámicas socioespaciales. Estos nuevos criterios fueron clave para comprender las dificultades de acceso, que generaban deserción, tardanzas, falta de docentes, etc. El Estado peruano ha mostrado un gran descuido respecto de la accesibilidad en la Amazonía, pues se ha concentrado en las grandes vías regionales debido a las demandas de orden productivo, mientras que un buen número de centros poblados, anexos y comunidades nativas esparcidas en el bosque se encuentran aisladas y no habían sido tomadas en cuenta a causa del poco impacto en cantidad de población que representaban para el cierre de las brechas nacionales. Existen casos en los que las sedes municipales de los distritos se encuentran a más de un día de trayecto desde ciertas zonas, por lo que la inaccesibilidad pone en riesgo cualquier programa que busque ser sostenible en el tiempo.

La falta de acceso también involucra premisas proyectuales, si se piensa en aquellas ubicaciones a las que sólo se puede llegar a través de ríos de distinto calado, atravesando situaciones geográficas como

which cronyism is rife.[6] We need a new set of imaginaries, but this cannot be a random or arbitrary process; psychic life should be governed by the principle of pleasure.[7] The external world will also provide new and changing situations that are uncomfortable or unpleasant, and this poses a constant threat that triggers the conservation instinct. The disruption of the emotional balance introduced by the principle of reality is responsible for the project's decision-making processes.[8]

What could be less pleasant in early 20th-century Peru than working for the state, despite the general awareness of its ineffectiveness, and paradoxically, of the urgent need to implement political solutions from within. Therefore, architects' only ambition was to have a private practice. And given the lack of competitions or transparent access to public-sector projects, most practicing architects worked on housing projects, particularly beach residences, talking up their need as spaces for experimentation,[9] another modern perversion that has fortunately been overcome.

The idea of working for the government not only raises the specter of bureaucracy, late paychecks, corruption, and abuse of power by certain well-known officials; it also implies an awareness of increasingly tedious processes, the aftermath of two of the most corrupt governments in Peru's history, between 1985 and 2000.[10] Although Plan Selva enjoyed the political support of a successful and capable politician, architects were the ones to produce the entire framework to insert the program into existing policies and procedures, often by pushing for exceptions as part of a truly strategic approach.[11]

Finally, and no less unpleasantly, we can point to recent graduates' recognition of the relative uselessness of their university education. Although this is not entirely true, some people unfortunately still believe that university education is about learning a

los pongos, en los que suele perderse un porcentaje de la carga que los botes llevan, como bolsas de cemento, ladrillos y acero. El conocimiento de esa realidad no sólo demanda la presencia de los arquitectos en las zonas alejadas, donde la población no tiene ningún tipo de servicio –agua potable, energía eléctrica, transporte, salud, etc.–, sino que la propia información recogida se vuelve un anuncio de las dificultades de implementación y sostenibilidad del programa en cuestión. En otras palabras, muchas veces la incomodidad que implica ir a entender la realidad no sólo pasa por estar prácticamente en zonas de supervivencia humana, a la que están expuestos cerca de medio millón de ciudadanos de manera cotidiana, sino que pone en riesgo la realización de los proyectos. Todo esto implica que el propio proceso de diseño deviene en una toma de contacto con la realidad en su acepción más dura, la del levantamiento de información cuantitativa y cualitativa del lugar, al pasar del paradigma del diseñador como creador al del diseñador como investigador y recopilador de datos duros.

Desafortunadamente, los imaginarios sobre la Amazonía[5] instituidos en nuestra sociedad están lejos de ayudar a un entendimiento que permita el desarrollo de propuestas que resuelvan los problemas específicos que existen, más aún en una sociedad atravesada por el clientelismo.[6] Se requieren nuevos imaginarios, pero esto es algo que no pasa por un proceso aleatorio o arbitrario, sino que la vida psíquica se rige por el principio del placer.[7] El mundo exterior siempre será el proveedor de nuevas y cambiantes situaciones desagradables o poco placenteras, y representa una amenaza permanentemente que activa el instinto de conservación. Esta ruptura del equilibrio emocional que introduce el principio de realidad es la responsable de los procesos de toma de decisión proyectual.[8]

Qué podía ser menos placentero en el Perú de principios del siglo xx que trabajar

trade, and therefore that all lessons should be directly applicable to reality. This clearly confuses a university education with vocational training courses through a Cenecape[12] center or a technical institute. However, university education in Peru in particular is often based more on existing books than on developing new ideas which may only be partially expressed in writing, but which nevertheless respond to the country's needs and emergencies. As a result, principles, procedures, and techniques become even more disconnected from these needs and therefore useless.

Graduates become frustrated with their lack of training, which is exacerbated in situations were they are unable to design or build in the same way as they studied during their six-year career. Plan Selva's new model of semi-fabricated modules, combined with elements of artisanal construction, therefore required an additional effort to accept a reality that imposed limits: the reality of the students' own professional training that required a process of personal deconstruction. Confronting this reality can be endlessly instructive, enabling the imagination to reach higher levels of creativity. However, it can also be an immensely frustrating and unpleasant experience. Avoiding it, therefore, feels comfortable but isolates architecture from society and its needs.

POLITICS RETURNS TO ARCHITECTURE

Politics and architecture have been intimately linked since Fernando Belaúnde Terry's return to Peru in 1937, a story that culminated in his two terms as the country's president. Therefore, to claim that during the second half of the 20th century architecture became depoliticized sounds like nonsense. However, it is true in two ways. First, because many architects became politicians, and as a result architecture ended up becoming subservient to the needs of government. In the process,

para el Estado, a pesar de la conciencia general de su inoperancia, y paradójicamente, de la urgente necesidad de implementar soluciones políticas desde ese mismo Estado. La aspiración de los arquitectos, por lo tanto, se refería únicamente a tener una oficina privada, lo cual, ante la ausencia de concursos o de acceso transparente a la obra pública, llevó a la mayoría de los profesionales a dedicase a proyectar viviendas, en especial viviendas de playa, exaltando su necesidad como espacio de experimentación,[9] otra perversión moderna y por fortuna superada.

Trabajar en el Estado no sólo trae consigo el fantasma de lo burocrático, los tiempos de pago, la corrupción y ciertos abusos de poder de funcionarios renombrados; también implica el conocimiento de procedimientos que cada vez se han hecho más engorrosos como consecuencia de dos de los gobiernos más corruptos de la historia, entre 1985 y 2000.[10] Si bien el Plan Selva contó con el apoyo político de un ministro exitoso y capaz, el mérito de los arquitectos fue el de construir todo el andamiaje que permitiese estructurar el programa dentro de las políticas y procedimientos públicos existentes, al forzar, en muchos casos, la creación de excepciones como parte de un enfoque realmente estratégico.[11]

Por último, y no menos desagradable, está el reconocimiento de los egresados recientes respecto de la relativa inutilidad de lo aprendido en la academia. Aunque esto no es tan cierto, desafortunadamente suele entenderse que la educación universitaria consiste en la formación de un oficio, por lo tanto, que todos los conocimientos impartidos deberían servir para operar directamente en la realidad. Como es obvio, eso es confundir el sentido de la formación universitaria con la educación en un Centro de Capacitación no Estatal para el Empleo (Cenecape)[12] o un instituto técnico. Pero suele ser cierto que la enseñanza universitaria en el Perú es "libresca", es decir,

architecture lost its capacity for criticism and dissent—its political dimension—and this became evident in its subordination to official directives. For example, the government focused on middle-class housing and on consolidating central areas, when the real priority should have been social housing and improving deprived urban areas.

Second, because similarly to political philosophy, which ended up consolidating a "public morality to regulate society's structure" and failed to produce transformative ideas,[13] "modern" paradigms of social behavior were imposed on architecture. In this way, as its political dimension weakened, cultural and even aesthetic-expressive considerations came to the fore, something very specific to the movements that constituted modernity, which morally condemned the lack of abstraction, ornamentation, or concealment of structural or functional expression. Meanwhile, zones were created that segregated migrants; service rooms were constructed without any natural lighting or ventilation, basic dwellings like the blocks assigned to peons working on haciendas, informed by European and American theories. Architecture's political dimension is therefore not about belonging to a political party or working for government, but using architecture to build and take a critical stance, a project that addresses society's core needs and often opposes established power structures and their assumptions. This criticism must be implicit in the architectural project itself, in its processes and products, on every scale and in every aspect.

Plan Selva achieved some of these goals with relative success. Unlike previous architectural programs of this type, Plan Selva entered a dialogue with education policy, the lack of a decentralization policy, political goals, and official expectations for a certain type of architecture. By way of explanation, it may be instructive to recall the type of construction initiatives implemented basada más en los libros existentes que en el desarrollo de un pensamiento nuevo, tal vez sólo fragmentariamente escrito, que responda a las necesidades y urgencias del país. Esto deriva en principios, procedimientos y técnicas que se alejan aún más de esas necesidades, y devienen inútiles.

Entre los egresados se generan sentimientos de frustración frente a la poca preparación obtenida, los cuales se agudizan si además se deben enfrentar casos en los que no es posible diseñar ni construir edificios como los que se estudiaron durante los seis años de carrera. Esto vale para decir que el tipo de proyecto semiprefabricado, con cuotas de construcción artesanal, que el Plan Selva introdujo, requirió de un esfuerzo adicional de aceptación de una realidad limitante, la de la propia formación profesional, que obligaba a un proceso de deconstrucción personal. Enfrentarse a la realidad puede ser una fuente inagotable de información, con la cual la imaginación puede alcanzar niveles creativos altos, pero también es fuente permanente de frustración y displacer, por ello, tenerla lejos resulta cómodo, pero también distancia a la arquitectura de la sociedad y sus necesidades.

EL RETORNO DE LO POLÍTICO EN LA ARQUITECTURA

Política y arquitectura han estado vinculadas de manera estrecha desde que Fernando Belaúnde Terry volviera al Perú en 1937, historia que culminó con su doble elección como presidente del Perú. Por lo tanto, afirmar que durante la segunda mitad del siglo XX la arquitectura se despolitizó suena a despropósito; sin embargo, esto es cierto en un doble sentido. En primer lugar, porque en el proceso mediante el cual un buen número de arquitectos se volvieron políticos, la arquitectura acabó por instrumentalizarse, es decir, supeditarse a las necesidades del poder. Al hacerlo, la disciplina perdió su capacidad crítica y de

Las obras del presidente Fernando Belaúnde Terry en maquetas.

The works of President Fernando Belaúnde Terry in models.

between 1945 and 2000. During Manuel Odría's administration (1948–1956), there were housing units (Unidades Vecinales), public hospitals, large school infrastructure projects (Grandes Unidades Escolares), and hotels (Hoteles de Turistas); Belaúnde (1963–1968; 1980–1985) focused on residential developments; the military dictatorship of Juan Velasco Alvarado (1968–1975) developed civic centers, local parks, and government buildings (ministries); and finally, we can refer to the schools built during the terms of Fujimori (1990–2000) and the Emblematic Schools (Escuelas Emblemáticas) of APRA.[14] In each case, we can see an architecture subordinated to power, incapable of questioning the underlying politics; housing projects for sectors capable of acquiring housing on their own; unnecessary and oversized public buildings; high densities of hospitals and services in the capital; and other shortcomings in public policies. Furthermore, most programs repeated the same architecture, as in the case of the Grandes Unidades Escolares and the Colegios Emblemáticos, or else just made some decorative adjustments, such as by placing gabled roofs on the Unidades Vecinales in places with high rainfall, or balconies and typical gates for the Hoteles de Turistas in Trujillo, Arequipa, and Huamanga.

Plan Selva is different from such projects. It proposes an ad hoc architecture for the Peruvian Amazon region. It uses

disenso —su dimensión política—, y esto se evidenció en su subordinación a las directivas del Gobierno, cuando éste, por ejemplo, construía vivienda de clase media y consolidaba áreas centrales, mientras que lo urgente hubiera sido atender la demanda de vivienda social y las áreas urbanas vulnerables.

En segundo lugar, porque de forma análoga a lo que sucedió con la filosofía política, que acabó por consolidar una "moral pública para regular la estructura de la sociedad" y no generó un pensamiento transformador,[13] en la arquitectura se impusieron paradigmas de comportamiento social entendidos como modernos. De esta manera, mientras sus aspectos políticos se debilitaron, se puso énfasis en los aspectos culturales e incluso estético-expresivos, algo muy propio de los movimientos que constituyeron la modernidad, que sancionaban moralmente la no adscripción a la abstracción, el uso de ornamento o el ocultamiento de la expresión constructiva o funcional. Entretanto, se definían zonificaciones que segregaban a la población migrante; se construían cuartos de servicio sin luz ni aire, viviendas mínimas como las cuadras para peones de las haciendas, y se seguían lineamientos teóricos europeos y norteamericanos. Con esto se quiere aclarar que la dimensión política de la arquitectura no pasa por militar en un partido político o estar en el gobierno de turno ejerciendo el poder, sino por construir y asumir un proyecto crítico desde la arquitectura, un proyecto

bioclimatic resources found in vernacular architecture to improve environmental performance; it employs typological resources to group volumes and create courtyards to enhance integration with the surroundings; and finally, it proposes an interior design for classrooms and furnishings that salvage anthropometric differences, sociospatial dynamics, and indoor-outdoor connections—all essential in a context such as the Amazon. However, these considerations are more than adaptive architectural strategies; they are also designed to fit culturally into the thinking behind the Peruvian education policy. Therefore, whereas a normal school might have concrete slabs for five-a-side soccer, volleyball, and basketball games as the only recreational activities, Plan Selva's schools incorporate mini-terraces attached to the classrooms where people can gather around an empty space or simply look out onto the landscape, a common pastime in the Amazon region. These contributions are the result of highly political participative processes that were not limited to minor decisions, such as the color or material used for a classroom or the construction of specific annexes, but integrated into core structures, in this case in the relationship between education, culture, and territory.

Finally, prefabrication is important for an understanding of implicitly critical and political aspects of Plan Selva. First, because an even more important goal underlies that decision: to encourage private-sector construction industries to raise their technological level to respond more efficiently to the state's needs. In other words, the state is not only a consumer without agency, or a promoter without influence on production, as is commonly believed (particularly in the field of social housing). On the contrary, it has the capacity to drive changes in the private sector by promoting innovations in materials, structures, and building systems, and thus assuming a political and critical role through the

que se dirija a los aspectos estructurales de la sociedad y que muchas veces se opone al poder establecido y sus supuestos. Este proyecto crítico debe estar implícito en el propio proyecto de arquitectura, en sus procesos y productos, atravesando todas sus escalas y aspectos.

El Plan Selva logró concretar algunos de estos aspectos con éxito relativo. El primero a considerar, para esta afirmación, es que a diferencia de los programas anteriores de producción arquitectónica, el Plan Selva discutió, por medio del proyecto, la propia política educativa, la ausencia de una política de descentralización, los objetivos de la política y las expectativas del poder respecto a un tipo de arquitectura. Para explicarlo, tal vez sea necesario recordar la naturaleza de los programas que implicaron construcciones y que fueron implementados entre 1945 y 2000. Durante el ochenio de Manuel Odría (1948-1956), las Unidades Vecinales, los Hospitales públicos, las Grandes Unidades Escolares y los Hoteles de Turistas; luego, los conjuntos residenciales de los dos gobiernos de Belaúnde (1963-1968; 1980-1985), los Centros Cívicos, Parques Zonales y edificios institucionales —ministerios y otros— de la dictadura militar de Juan Velasco Alvarado (1968-1975), y finalmente, los colegios del fujimorismo (1990-2000) y los colegios emblemáticos del aprismo.[14] En todos ellos podemos ver arquitecturas subordinadas al poder, incapaces de cuestionar la lógica de la política que los propone y que construye viviendas para sectores que en su momento podían adquirirla por sí mismos, edificios públicos innecesarios y sobredimensionados, altas concentraciones de hospitales y servicios en la capital, entre otras deficiencias en el orden de las políticas públicas. Por otro lado, la mayor parte de los programas respondieron con una misma arquitectura, como fue el caso de la Grandes Unidades Escolares y los colegios emblemáticos, o bien con algunas

project itself. Second, because unlike most 20th-century programs, Plan Selva avoided the monumental architecture that the government uses to bolster its image. Instead, the image of the schools lay between the small scale of a housing complex and the appearance of a system of temporary walkways. The project took the risk of an aesthetic appropriate to its processes and to meet needs, and at the same time turned the architecture into a critical statement, distancing itself from the expectations of the monumentality that often characterize official projects, and from the prevailing aesthetics of global architecture.

TRANSFORMATION AS A PREMISE

Architecture is often said to be incapable of transforming society beyond the change implied by its own physical existence, leading inevitably to its total subordination to the economic agents that end up defining it. This statement merely accentuates the discipline's characterization as something contemptible, which Manfredo Tafuri[15] claimed was the result of the proliferation of architecture studies in the corporate world. Today, fifty years on, with architecture almost subsumed by global capitalism, new practices and ideas, especially from the arts, philosophy, and cultural studies, are creating new approaches that help reconsider architecture's transformative power. Some of these ideas have been outlined above, and the following simply adds additional considerations to round off this exploration of the scope of Plan Selva.

To this end, Johan Galtung's approach has been useful in explaining aspects of violence. It has also been used in the analysis of various social problems, such as urban inequality,[16] social conflicts, and the discrimination against minorities. These aspects are articulated in a triangle of interdependent vertices, in which the direct, structural, and symbolic aspects of the phenomenon are mutually nourished and supported. According

alteraciones de orden decorativo, como colocar techo a dos aguas en las Unidades Vecinales ubicadas en lugares lluviosos, o balcones y portadas típicos en los Hoteles de Turistas de Trujillo, Arequipa o Huamanga.

El Plan Selva se aleja de estos tópicos al plantear una arquitectura *ad hoc* para la Amazonía peruana, y recoge, por un lado, recursos bioclimáticos utilizados en la arquitectura vernácula para un mejor funcionamiento ambiental, y por el otro, recursos tipológicos en el agrupamiento de volúmenes y la conformación de patios para una mejor relación con el paisaje; finalmente, propone un diseño interior de las aulas y el mobiliario que rescata diferencias antropométricas, dinámicas socioespaciales y relaciones interior-exterior, esenciales en un entorno como el amazónico. Estos aspectos, sin embargo, son más que operaciones arquitectónicas de adaptación al lugar, se trata también de ajustes de orden cultural a las lógicas que soportan la política educativa del Perú. Así, mientras un colegio estándar tiene losas deportivas que asumen el fulbito, el voleibol y el basquetbol como únicas actividades recreativas, los colegios del Plan Selva contienen una minitribuna adosada a las aulas que permite la reunión alrededor de un vacío o la simple observación del paisaje, usuales en la cotidianidad del mundo amazónico. Estos aportes provinieron de los procesos participativos de clara naturaleza política, cuyos resultados no son utilizados para decisiones menores, como el color, el material de un aula o la construcción de aspectos accesorios, sino que intentan ir a los aspectos estructurantes, en este caso, a la relación entre educación, cultura y territorio.

Por último, un aspecto relevante para comprender la naturaleza del programa crítico-político implícito en el Plan Selva es el de la prefabricación. En primer lugar, porque esa decisión tiene detrás un objetivo mayor, el de empujar a la industria de la construcción del sector privado a elevar su nivel tecnológico

to this premise, all transformations must undergo changes in these three dimensions in order to find integral solutions to complex problems such as those faced by developing countries.

First, the direct dimension refers to material and visible situations such as poverty, the lack of infrastructure and services, the absence of high-quality public spaces, and all those direct and straightforward shortcomings. In this case, Plan Selva's proposal to address the failings of schools and attempt to close the gap is in itself a step toward solving the specific problem, and on that level the program has received local and global recognition.

Second, the structural aspect considers the set of norms, laws, practices, and institutions of the state and society, in other words the whole framework that underpins existing situations. As mentioned in the analysis of the recovery of the sense of reality and the return of the political aspect, Plan Selva took a series of public policy decisions and questioned centralism, cultural premises, and pedagogies unrelated to the territory and culture included in education policy, going beyond the commission to build schools.

The third and final aspect relates to symbolic considerations, in other words those socially formed imaginaries that define positive and negative emotions, appraisals, and paradigms that limit the action of the conscious sphere in a society, and in the individual. This symbolic aspect maintains and reproduces direct and structural dimensions, constructing a culture that legitimates negative practices in society—practices that should be rooted out because they are based on what we commonly call prejudices. In this regard, an initial observation is that, as seldom the case at the local level, the architecture for the most vulnerable sectors of the population in Peru's remotest areas is of a higher quality, and with more and better facilities

para responder de manera más eficiente a las demandas del Estado. Es decir, el Estado no es sólo un consumidor sin agencia o un promotor sin roles en la producción, como se suele pensar —en especial, en el campo de la vivienda social—, sino que tiene la capacidad de empujar cambios en el sector privado, al promover la innovación material, constructiva y estructural, y asumir de esta manera un papel político y crítico desde el proyecto mismo. En segundo lugar, porque a diferencia de la mayor parte de los programas del siglo XX, el Plan Selva renunció a una arquitectura monumental que diera réditos de imagen al gobierno. Por el contrario, la imagen de los colegios estaba entre la escala menor de un conjunto de viviendas y la apariencia de un sistema de andamios temporales. El proyecto se arriesga a una estética acorde con las demandas y sus procesos, al tiempo que hace de la expresión arquitectónica una postura crítica que se aleja de las expectativas de monumentalidad, tan propia del poder, y de la estética predominante de la arquitectura global.

LA TRANSFORMACIÓN COMO PREMISA

Suele decirse que la arquitectura no tiene ninguna capacidad de transformar a la sociedad más allá del cambio que implica su propia existencia física, lo que lleva de un modo indefectible a la subordinación total a los agentes económicos que deciden su naturaleza y existencia. Esta aseveración no hace sino acentuar ese carácter de objeto menospreciable de la disciplina, que ya Manfredo Tafuri[15] anunció como consecuencia de la proliferación de los estudios de arquitectura en el mundo corporativo. Hoy, 50 años después y con la arquitectura casi absorbida por el capitalismo global, nuevas prácticas e ideas, provenientes en especial del arte, la filosofía y los estudios culturales, dibujan aproximaciones que permiten repensar el poder trasformador de la arquitectura.

than in other, more central locations. This is not limited to public schools, but can also be found in many private education centers elsewhere in the country. A few hundred schools may not change the paradigm that considers indigenous communities to have second or third-rate citizens,[17] but Plan Selva is trying to overturn these prejudices through the project's decisions.

A second aspect is the choice of using a prefabricated system of wood and metal, avoiding concrete and brick. Perhaps this decision seems obvious, but this is not the case in a location where both self-builders and others, including private investors and the state, all consider that these materials to be the "right" ones for a safe investment, even in environments such as the Amazon region. Prefabricated modules have also been used, despite the difficulties of transporting freight across the Andes, with the additional problem of the poor quality construction due to the lack of skilled labor or technical supervision to ensure the right mixes and other requirements.

Architectural modernity in Peru has been characterized by an obsession with modern buildings produced in Europe and the United States, and the variations offered by countries such as Mexico and Brazil, particularly the latter. Architects have had difficulty looking beyond these models and their projects had always been attempts to reinterpret them, with adaptations for a country with a poorer economy, a more tropical climate, less well-developed technology, or a less abstract aesthetic, without any significant ability to understand that society and those cultural expressions that exploded in the latter half of the 20th century and shaped Peru in ways that are completely unlike what was imagined from an architectural perspective. Much of the architecture of that period is basically a phony and self-indulgent avoidance strategy.

Parte de esas reflexiones han sido señaladas líneas arriba, de manera que sólo quedan por agregar algunos aspectos que cierran la reflexión sobre los alcances del Plan Selva.

Sirve para este fin el esquema de Johan Galtung para entender las dimensiones de la violencia, pero que ha sido utilizado para el análisis de distintos problemas de orden social, como la desigualdad urbana,[16] los conflictos sociales y la discriminación de minorías, entre otros. Estas dimensiones se articulan en un triángulo de vértices interdependientes, en los cuales los aspectos directos, estructurales y simbólicos del fenómeno se alimentan y soportan entre sí. Bajo esa premisa, toda transformación debe pasar por cambios en esas tres dimensiones si se buscan soluciones integrales para problemas complejos como los que aquejan a los países en desarrollo.

La primera de estas dimensiones, la directa, se refiere a situaciones materiales y visibles, como la pobreza, la falta de equipamientos y servicios, la ausencia de espacios públicos de calidad, y todas aquellas deficiencias verificables de manera directa y simple. Para el caso, la propuesta de un programa que atienda el déficit de colegios en la Selva e intente cerrar la brecha es en sí misma una medida que ataca el problema concreto, y en ese nivel el programa ha llegado a ser reconocido local y globalmente.

La segunda dimensión, el vértice de lo estructural, refiere al conjunto de normas, leyes, prácticas e instituciones del Estado y la sociedad, es decir, todo el andamiaje que sostiene las situaciones existentes. Como se mencionó al analizar la recuperación del sentido de realidad y el retorno de lo político, el Plan Selva tomó una serie de decisiones en el plano de las políticas públicas y cuestionó el centralismo, las premisas culturales y las pedagogías sin relación con el territorio y la cultura contenidos en la política educativa, yendo más allá del encargo de construir colegios.

By contrast, Plan Selva is a departure from classic architectural aesthetics, from languages produced for other purposes, from those elusive and false utopias. Instead, it seeks to build new imaginaries that affect the approach to these problems from the state's perspective, the self-esteem of the recipient community, the architecture practices that for over half a century were unable to meet real needs, and a long list of paradigms. As part of this effort, priority was given to aspects of local knowledge, spatial considerations, new programs, and innovative methods of architectural production, while avoiding nostalgia, exoticism, or the romanticization of the indigenous world. And, furthermore, without making it obvious to the casual observer, with a dignified and respectful approach to what is being recovered and to the population that creates local culture.

The potential impacts are even greater than those mentioned above. They include improving the government's poor reputation as a contractor and builder, and a strong demand now exists for young and well-trained professionals keen to work for ministries, municipalities, regions, and other government agencies. The state is seen as an agent of innovation, despite its difficulties in getting projects off the ground, and the fact that it only operates in certain "islands of excellence." Changes have also taken place in university teaching, albeit without the comprehensiveness and coherence required by epistemic reflection, but at least questions are now being raised about teaching methods that have hardly progressed in the last half a century.

The ability to transform does not take place simply as a possible response to a physical and unbridgeable gap; nor to confront the limitations of the state, society, and their structures in order to go beyond norms, practices, and institutions; nor because new imaginaries are constructed and attempts made to symbolize other values

La tercera y última dimensión corresponde a lo simbólico, es decir, a aquellos imaginarios instituidos socialmente, que definen los afectos positivos y negativos, las valoraciones y los paradigmas que limitan la acción de la esfera del consciente en una sociedad —y en el individuo—. Esta dimensión simbólica es la que sostiene la existencia y reproduce las dimensiones de lo directo y lo estructural, al construir una cultura que legitima en la sociedad prácticas negativas que deben ser desterradas porque se basan en lo que denominamos cotidianamente prejuicios. En este plano, una primera observación es que, como pocas veces se ha visto en el medio local, la arquitectura para la población más vulnerable en las zonas más alejadas del país es de mejor factura y con mayores y mejores facilidades que en otras ubicaciones, más centrales. Pero esto no sólo ocurre en el ámbito de los colegios públicos, sino incluso en el de muchos centros educativos privados en cualquier zona del país. Si bien es cierto que unas centenas de colegios no van a cambiar el paradigma que establece que en las comunidades nativas los ciudadanos son de segunda o tercera categoría,[17] el Plan Selva intenta revertir esos prejuicios desde las decisiones proyectuales.

Un segundo aspecto es la opción por un sistema prefabricado en madera y metal, que deja de lado el concreto y el ladrillo, algo que puede parecer muy obvio, pero que no lo es en un medio en el que tanto la población que autoconstruye como la que no, así como los inversionistas privados y el Estado, todos en simultáneo, han dado por sentado que ésos son los materiales "nobles", que garantizan la inversión, incluso en medios geográficos como la Amazonía. Tampoco la prefabricación ha logrado desarrollarse, a pesar de las dificultades de accesibilidad que la cordillera de Los Andes representa para el transporte de carga, con el problema adicional de la mala calidad de la construcción debido a una mano de obra sin calidad y la

that the project creates beyond architecture. Instead, this transformability occurs because those three dimensions are simultaneously advancing in their attempt to undermine the structures that perpetuate unequal conditions in Peru.

CONCLUSIONS

So-called architectural quality is obviously irrelevant to these ideas, insofar as it has been defined on the basis of aesthetic concerns shaped in other parts of the world, and with paradigms that are rarely questioned in regions that consume knowledge, practices, and archetypes more than they produce them. Often what is conceived, designed, and built in the Global South holds an exotic appeal because of the indigenous subjects in the photograph or the supposed social awareness of the promoters and architects. Prizes are awarded for projects that are destroyed after a few years, such as the floating school in Nigeria, or that are anecdotal narratives created for a European and American audience, such as Torre David in Caracas: award-winning projects that meet no real need and cannot be replicated, let alone transform a society or a country. Plan Selva introduces other dimensions to the discussion of architecture's performance, capable of reorienting the discipline toward other crucial needs.

Plan Selva projects can obviously run into problems in some places where the theories did not work and they will definitely need adjusting. This forms part of the Minedu's follow-up, maintenance, and evaluation process that is required for greater efficiency. It is also true that many government departments have responded to Plan Selva's success by preparing many projects and hiring young professionals, often at a high cost for central or local government departments, with no real guarantee that the work will be done, and without the depth and scope to make any really important changes. It is also

ausencia de supervisión técnica para dosificaciones y otros requisitos.

La modernidad arquitectónica peruana se ha caracterizado por su obsesión por los edificios modernos producidos en Europa y Estados Unidos, y las variaciones que ofrecen países como México y Brasil —en particular, este último—. A los arquitectos les ha costado mirar más allá de esos modelos, y sus proyectos habían sido siempre ensayos de reinterpretación que se adecuaban a una economía más pobre, un clima más tropical, una tecnología menos desarrollada o una estética menos abstracta, sin mayor capacidad para leer esa sociedad y esas expresiones culturales que detonaron en la segunda mitad del siglo xx y han modelado el Perú por caminos absolutamente diferentes a lo pensado desde la perspectiva de la arquitectura. Gran parte de la arquitectura de ese periodo es un juego de evasión, básicamente; una apuesta por la fantasía y la autocomplacencia.

La arquitectura del Plan Selva, por el contrario, se aleja de la estética edilicia clásica, de los lenguajes producidos para otros fines y de esas utopías evasivas y fantasiosas, para construir nuevos imaginarios que afecten las formas de abordar estos problemas desde el Estado, la autoestima de la población beneficiada, las prácticas de la arquitectura que durante más de medio siglo no fueron capaces de enfrentar las necesidades reales y una larga lista de paradigmas. En ese esfuerzo se pusieron en primer plano algunos conocimientos locales, lógicas espaciales, nuevos programas, nuevos caminos para la producción de la arquitectura, sin apelar a la nostalgia, el exotismo ni la romantización del nativo, y por cierto, sin hacerlo evidente al ojo desprevenido, con una actitud de respeto y dignificación de eso que se recuperaba y de la población que constituye esa cultura.

Los impactos potenciales son aún mayores a los mencionados hasta aquí, abarcan

true that the graduates of the Faculty of Architecture and Urbanism of the Pontifical Catholic University of Peru, the alma mater of Plan Selva's directors and builders, are forming a new elite that runs the danger of excluding graduates from other schools. This issue should be discussed by the country's now-weakened higher education supervisory body (Superintendencia Nacional de Educación Superior Universitaria).

Plan Selva's best practices have had many positive consequences, while also creating some negative impacts, such as those already mentioned, for a schizophrenic state with a large number of absurd controls, procedural and regulatory procedures, and contradictory decisions. Many of its positive effects may end up being eroded by embezzlement, distortion, and waste. It will depend on the continuity of public policies—in this case by Minedu—but particularly on action from outside government and in the halls of the universities, by the architectural community, private sector, civil society, and all those interested in the country's development. The hope is for most of the positive impacts to be sustained, so that architecture can gradually come closer to meeting the needs of a country that requires the efforts and resources of everyone, for a nation that is fairer and offers equal opportunities, a future promised by the republic 200 years ago but that remains on the horizon.

---

[1] Luis Rodriguez Rivero, *Modernidades conservadoras*, PUCP, Lima, 2023, p. 20.

[2] Unlike the use of the concept of overcoming modernity taken by Josep Maria Montaner in *La modernidad superada* (GG, Barcelona, 2000), which alludes to a set of new formal expressions that appeared towards the end of the 20th century, here we propose an overcoming of the scope

también el haber revertido la mala imagen que el Estado tenía como contratante y ejecutor, y existe hoy una gran demanda de profesionales jóvenes y bien capacitados, interesados en desarrollarse profesionalmente en ministerios, municipios, regiones y otras dependencias públicas. El Estado es visto como un agente de innovación, a pesar de sus dificultades para hacer caminar los proyectos y de que esto sucede en ciertas "islas de excelencia". También se han suscitado cambios en los aspectos pedagógicos de las Universidades, aún no con la integralidad y coherencia que una reflexión epistémica requeriría, pero al menos se duda un poco más de las formas de enseñar que en el medio local casi no han avanzado en 50 años.

La capacidad de transformación no se da tan sólo porque se responda a una brecha física e inapelable, ni porque se enfrenten las limitaciones propias del Estado, la sociedad y sus estructuras para ir más allá de las normas, las prácticas y las instituciones. Tampoco porque se construyan nuevos imaginarios y se busque simbolizar otros valores que, nacidos a partir del proyecto, van más allá de la arquitectura, sino —y en especial— porque esas tres dimensiones avanzan de manera simultánea en su búsqueda por corroer las estructuras que sostienen las situaciones de inequidad en el país.

CONCLUSIONES

Es obvio que no interesa a estas reflexiones la llamada "calidad arquitectónica", en la medida en que ésta ha sido definida con base en preocupaciones estéticas modeladas en otras latitudes y con paradigmas que rara vez se ponen en tela de juicio en las regiones que son más consumidoras que productoras de conocimientos, prácticas y arquetipos. Y es que muchas veces lo pensado, diseñado y construido en el Sur global gusta por lo exótico, por los aborígenes en la foto o por la supuesta inclinación social de los gestores

of local interpretations of the modern discourse in architecture.

3   That can be traced back from Heidegger and the Vienna Circle to John Dewey, where the reality of the external world is a "false problem" in the sense that it depends on the self.

4   Construction, and Sanitation, for example, the calculation of the deficit is less precise than in other countries in the region; poverty indicators were manipulated between 2004 and 2008 for political ends.

5   For a society to be considered as such, it requires a consensus on some interpretations. Cornelius Castoriadis called this *La institución imaginaria de la sociedad* (Tusquets, Buenos Aires, 2003)—in other words, the construction of imaginaries or paradigms in the unconscious, which is why they precede (or one might say preside over) thoughts, desires, and instinct.

6   The processes of alignment are governed by this imaginary and often escape conscious decision making. Although societies constantly institute imaginaries, these are transformed by certain events.

7   According to this principle, the subject is opposed to change, at the same time as reinforcing a tendency toward stability, toward limiting the amount of excitement created by imbalances capable of producing unpleasure: "We know that the pleasure principle is proper to a primary method of working on the part of the mental apparatus, but that, from the point of view of the self-preservation of the organism among the difficulties of the external world, it is from the very outset inefficient and even highly dangerous." (Freud, *Beyond the Pleasure Principle*, 1920, p. 4).

8   "Most of the unpleasure that we experience is *perceptual* unpleasure. It may be perception of pressure by unsatisfied instincts; or it may be external perception which is either distressing in itself or which excites unpleasurable expectations in the mental apparatus—that is, which is recognized by it as a 'danger.'" (Freud, *ibid.*, p. 5).

9   Luis Rodriguez Rivero, PUCP, Lima, 2023, *op. cit*, p. 74.

10   Since 1995, the Comptroller's Office has increased control and prevention regulations, which has led to a rapid increase in regulations, with the consequent overlapping and bureaucratic obstacles.

11   In the theoretical framework of strategic planning, administrative and regulatory restrictions should not limit the scope of action, contrary to the frequent claims of public officials.

12   Cenecape centers were in operation from the 1980s to 2000.

13   Chantal Mouffe, *El retorno de lo político. Comunidad, ciudadanía, pluralismo y democracia radical,* Paidós, Madrid, 1999.

14   We should also point out to the neglect of programs by other governments, from 1995 to 2010, that failed to formulate any such projects due to enormous deficits and gaps.

15   Manfredo Tafuri, *Architecture and Utopia. Design and Capitalist Development*, The MIT Press, Cambridge, 1979.

16   Luis Rodriguez Rivero, Daniel Ramirez Corzo and Belén Desmaison Estrada, *Ensayo*, num. 3, PUCP, Lima, 2023.

17   A statement by president at the time, Alan García, during the Baguazo episodes.

y arquitectos, y se premian proyectos que al cabo de un par de años se destruyen, como la escuela flotante en Nigeria, o que son narrativas anecdóticas elaboradas para el público europeo y norteamericano, como la Torre David en Caracas: proyectos con reconocimientos que no resuelven nada, que no tienen capacidad de réplica ni posibilidades de transformar una sociedad o un país. El Plan Selva permite instaurar otros valores en la discusión sobre la *performance* de la arquitectura, capaces de redireccionar la disciplina hacia otras demandas cruciales.

Está claro también que los proyectos del Plan Selva pueden tener fallas en algunas ubicaciones, en las que los supuestos no funcionaron y seguramente tendrán que ser ajustados. Esto forma parte del necesario proceso de seguimiento, mantenimiento y evaluación que el Minedu debe llevar a cabo para ser más eficiente. Es cierto, además, que muchas dependencias del Estado, ante el éxito del Plan Selva, han optado por elaborar muchos proyectos y contratar profesionales jóvenes, muchas veces por montos altos para los recursos del Estado —gobierno central o municipios—, sin mayor garantía de que lo producido se ejecute y sin la profundidad y el alcance para hacer cambios realmente importantes. Es cierto, también, que los egresados de la Facultad de Arquitectura y Urbanismo de la Pontificia Universidad Católica del Perú, en la que estudiaron quienes dirigieron y ejecutaron el Plan Selva, están construyendo una nueva élite que corre el peligro de excluir a egresados de otras escuelas, situación que debe encontrar espacios de debate y que debería ser el tipo de preocupación de la hoy debilitada Superintendencia Nacional de Educación Superior Universitaria.

Son muchas las consecuencias positivas de las buenas prácticas del Plan Selva, aunque también se hayan generado algunos impactos negativos, como los señalados, para un Estado esquizofrénico con multitud

de controles absurdos, vacíos procedimentales y normativos, y decisiones contradictorias. Posiblemente, muchos de sus impactos positivos serán malversados, distorsionados y desperdiciados. Dependerá de la continuidad de las políticas públicas –en este caso, del Minedu–, pero en especial de la acción desde fuera del Estado, en las Universidades, en el gremio de arquitectos, en el sector privado, en la sociedad civil y por parte de todos los interesados en el desarrollo del país. Es deseable que la mayoría de los impactos positivos perdure en el tiempo, para que paulatinamente la arquitectura se acerque a las demandas de un país que requiere de los esfuerzos y recursos de todos para encontrar esa nación más justa y con igualdad de oportunidades que la República ofreció hace ya 200 años y aún sigue siendo una promesa.

---

[1] Luis Rodríguez Rivero, *Modernidades conservadoras,* PUCP, Lima, 2023, p. 20.

[2] A diferencia del uso del concepto de superación de la modernidad que retoma Josep Maria Montaner en *La modernidad superada* (GG, Barcelona, 2000) que alude a un conjunto de nuevas expresiones formales aparecidas hacia finales del siglo xx, aquí se plantea una superación de los alcances que las interpretaciones locales hicieron del discurso moderno en la arquitectura.

[3] Que pueden rastrearse desde Heidegger y el Círculo de Viena, hasta John Dewey, donde la realidad del mundo externo son un "falso problema" en el sentido que esta depende del Yo.

[4] En el Ministerio de Vivienda, Construcción y Saneamiento, por ejemplo, el cálculo del déficit es menos riguroso que en otros países de la región; los indicadores del cálculo de pobreza han sido modificados entre 2004 y 2008 para ser manipulados políticamente.

[5] Para que una sociedad llegue a ser tal, requiere consensos sobre algunas interpretaciones. Cornelius Castoriadis llamó a esto *La institución imaginaria de la sociedad* (Tusquets, Buenos Aires, 2003), es decir, la construcción de imaginarios o paradigmas en el inconsciente, por lo cual preceden –o podría decirse que incluso presiden– el pensamiento, los deseos y el instinto.

[6] Los procesos de alineación se encuentran gobernados por ese imaginario y escapan muchas veces a la toma de decisiones consciente. Si bien las sociedades instituyen permanentemente imaginarios, estos van transformándose a partir de ciertos acontecimientos.

[7] Bajo este principio, el sujeto se opone al cambio, al tiempo que refuerza su tendencia a la estabilidad, al limitar la cantidad de excitación que generan los desequilibrios capaces de producir displacer: "sabemos que el principio del placer corresponde a un funcionamiento primario del aparato anímico y que es inútil, y hasta peligroso en alto grado, para la autoafirmación del organismo frente a las dificultades del mundo exterior" (Freud, *Más allá del principio del placer*, 1920, p. 4).

[8] "La mayoría del displacer que experimentamos es, ciertamente, displacer de percepción, percepción del esfuerzo de instintos insatisfechos o percepción exterior, ya por ser esta última penosa en sí o por excitar en el aparato anímico expectativas llenas de displacer y ser reconocida como un 'peligro' por el mismo" (Freud, *ibid.*, p. 5).

[9] Luis Rodríguez Rivero, PUCP, Lima, 2023, *op. cit.*, p. 74.

[10] Desde 1995 la Contraloría aumentó las normas de control y de prevención, lo que ocasionó el rápido aumento de la normatividad, con las consecuentes superposiciones y obstaculizaciones burocráticas.

[11] En el marco teórico del planeamiento estratégico, los límites administrativos y normativos no deben reducir la posibilidad de acción, al contrario de lo que suele escucharse entre los gestores públicos.

[12] Los Cenecape operaron en las décadas de 1980 a 2000.

[13] Chantal Mouffe, *El retorno de lo político. Comunidad, ciudadanía, pluralismo y democracia radical*, Paidós, Madrid, 1999.

[14] Habría que señalar la orfandad de programas en los demás gobiernos, desde 1995 hasta 2010, incapaces de formular alguno en medio de los enormes déficits y brechas existentes.

[15] Manfredo Tafuri, *Architecture and Utopia. Design and Capitalist Development*, The MIT Press, Cambridge, 1979.

[16] Luis Rodríguez Rivero, Daniel Ramírez Corzo y Belén Desmaison Estrada, *Ensayo*, núm. 3, PUCP, Lima, 2023.

[17] Aseveración hecha por el entonces presidente de la República en ejercicio, Alan García, durante los acontecimientos del Baguazo.

COMUNAL: ESTRATEGIA DE APOYO Y PARTICIPACIÓN COMUNITARIA

COMUNAL: COMMUNITY SUPPORT AND PARTICIPATION STRATEGY

DAISUKE IZUMI + KAREL VAN OORDT

Daisuke Izumi. Graduate in architecture from the Pontifical Catholic University of Peru (PUCP). Specialist in territory, urban planning, and building design. He has held technical coordination roles in prefabricated module designs for schools at the national level, as well as management positions in policies and regulations in the Planning of Populated Centers, and Urban Development and Urbanism of Peru.

Karel Van Oordt. Architect, urban planner, and strategic manager. Specialist in urban development and governance, infrastructure, and climate action. Advisor for operational, financial and innovation management of local, national and international urban policies, programs and projects. Passionate about global prosperity, he has worked with communities and their ecosystems to create public value.

Daisuke Izumi. Arquitecto por la Pontificia Universidad Católica del Perú. Especialista en territorio, urbanismo y diseño de edificaciones. Ha ejercido cargos de coordinación técnica de diseño de módulos prefabricados para escuelas en el ámbito nacional, así como cargos directivos de políticas y regulaciones en Ordenamiento de Centros Poblados, y de Desarrollo Urbano y Urbanismo del Perú.

Karel Van Oordt. Arquitecto, urbanista y gestor estratégico. Especializado en desarrollo y gobernanza urbana, infraestructura y acción climática. Asesor en gestión operativa, financiera y de innovación de políticas, programas y proyectos urbanos locales, nacionales e internacionales. Apasionado por la prosperidad global, ha colaborado con comunidades y sus ecosistemas para crear valor público.

The message was clear. Plan Selva: bioclimatic design, ease of assembly, environmentally friendly, and culturally adaptive. Our strategy involves local communities as "Guardians of Education," responsible for looking after the schools before, during, and after their implementation by Peru's Ministry of Education.

DIVERSITY AND DIALOGUE

The Comunal strategy was designed to facilitate dialogue and integration between those responsible for implementing education infrastructure and the various beneficiary communities, and it could be adapted to the different realities and needs of urban, indigenous, and village communities, recognizing their particular cultures, geographical conditions, and climates.

The strategy included community workshops in the Peruvian Amazon, involving the participation of various representatives such as teachers, directors, local authorities, and even students and their parents. These workshops were divided into three phases: before, during, and after implementation.

Before implementation, a dialogue was initiated to recognize ancestral knowledge and traditions, consult expectations, and commit the community to securing education into the future.

During implementation, accompaniment was provided with activities such as art interventions and reforestation work, with a focus on enriching intercultural exchanges.

After implementation, skill-transfer sessions were held for the proper maintenance of education facilities to promote new community traditions around the recently established school.

Comunal emphasized the importance of a constant dialogue between the school, the authorities, and the community to ensure the proper care and use of the facilities, thus contributing to the strengthening of

El mensaje fue claro. Plan Selva: diseño bioclimático, fácil de ensamblar, respetuoso con el medio ambiente y adaptado culturalmente. Nuestra estrategia buscaba involucrar a las comunidades locales como Guardianes de la Educación, responsables del cuidado de las escuelas antes, durante y después de su implementación por parte del Ministerio de Educación del Perú.

DIVERSIDAD Y DIÁLOGO

La estrategia Comunal tenía como objetivo facilitar el diálogo e integración entre quienes implementan las infraestructuras educativas y las diversas comunidades beneficiarias, y podía adaptarse a las variadas realidades y necesidades de las comunidades, ya sea urbanas, nativas, caseríos y más, ya que reconocía sus diferentes culturas, geografías y climas.

La estrategia incluyó talleres comunitarios en la Amazonía peruana, en los que participaron diversos representantes, como profesores, directores, autoridades locales y hasta padres de familia y alumnos. Estos talleres se dividieron en tres momentos: antes, durante y después de la implementación.

Antes de la implementación se inició el diálogo para reconocer tradiciones y saberes ancestrales, consultar las expectativas y comprometer a la comunidad en la salvaguarda futura de la educación.

Durante la implementación se proporcionó acompañamiento con actividades como intervenciones artísticas y reforestación, enfocadas en potenciar la riqueza intercultural.

Después de la implementación se transfirieron capacidades para el mantenimiento adecuado de las instalaciones escolares, a fin de promover nuevas tradiciones comunitarias en torno al colegio.

Comunal destacó la importancia del diálogo constante entre actores educativos, autoridades y comunidad para asegurar el correcto cuidado y uso de las instalaciones, y para contribuir así al fortalecimiento de las

social organizations such as Guardians of Education.

ACHIEVEMENTS AND CHALLENGES

The strategy had three main achievements. First, thanks to the information gathered in the workshops, improvements in the infrastructure designs were proposed for future interventions, such as the use of furniture, the versatility of possible activities in the school, and the exterior finishes.

Second, the project communicated the importance of the chosen construction materials (wood and steel) as opposed to traditional options (brick and cement), as well as the relevance of the climate-adaptive design. Despite skepticism in some communities, people understood that these elements represented advantages over traditional methods.

Third, communities showed greater confidence in their communication and relationships with the institutions responsible for school management.

However, some challenges put the strategy to the test. The precarious reality in many places was reflected not only in the lack of education infrastructure, but also in the living conditions and other infrastructure, as well as in the lack of certain services. We soon realized that communities not only needed an answer to their education needs, but also to improve their social and economic situation and opportunities in areas such as healthcare and employment.

As a space for dialogue with the state, the workshops became a venue where requests could be made for comprehensive improvements in local communities, not just in the area of education. At times, this conversation revolved around a mistrust of the state's ability to improve the overall quality of life for communities.

Although the strategy did not propose solutions to the complex situation facing

LOGROS Y DESAFÍOS

La estrategia tuvo tres logros principales. En primer lugar, se propusieron mejoras en los diseños de la infraestructura para futuras intervenciones, gracias a la información recabada en los talleres, como el uso de mobiliario, la versatilidad de las actividades que la escuela podría albergar y el tratamiento de los exteriores.

En segundo lugar, se logró transmitir la importancia de los materiales de construcción elegidos —madera y acero— *versus* los tradicionales —ladrillo y cemento—, así como la relevancia del diseño adaptado al clima. Aunque hubo escepticismo en algunas comunidades, se comprendió que estos elementos representaban ventajas en comparación con los modelos tradicionales.

En tercer lugar, se evidenció una mayor confianza de las comunidades en su comunicación y relación con las instituciones a cargo de la gestión de las escuelas.

Sin embargo, surgieron desafíos que pusieron a prueba la estrategia. La precaria realidad de muchos lugares no sólo se reflejaba en la falta de infraestructura educativa, sino también en las condiciones de vida y otras infraestructuras, así como en la carencia de ciertos servicios. Rápidamente, entendimos que las comunidades, además de necesitar una respuesta a sus necesidades educativas, requerían también mejorar sus condiciones y oportunidades económicas y sociales en sectores como salud y trabajo.

Como un espacio de diálogo con el Estado, los talleres se convirtieron en un despliegue de peticiones sobre la mejora integral de las comunidades, más allá de la escuela. Algunas veces, esta conversación partía de una desconfianza frente a la capacidad del Estado para mejorar la calidad de vida general de las comunidades.

communities in all its dimensions, the workshops provided a forum for reframing these demands to highlight the central importance and opportunity of proposing that the school become the heart of each community.

This process was also useful in reinforcing the communities' internal organization and their ability to overcome obstacles. Part of this process was the understanding of communities' rights and responsibilities, as an opportunity for reflection proposed by the workshop.

In this sense, participation was sometimes limited, due to the mistrust and difficult living conditions in these communities. Gender was also an important issue in the decision-making process; the spaces were frequently dominated by male leaders, while women, children, and the elderly had no voice, since their ability to contribute to agreements related to their wellbeing was underestimated.

There was often miscommunication between the institutions and the schools, and the communities had no say in the decisions or else their leaders lacked credibility. It was therefore essential to encourage community participation in decisions on education.

In this context, the proposal to participate in the workshops became central to the strategy's success and to ensuring the viability of the Plan Selva. Despite the limitations and challenges described above, most of the communities were actively involved in the decisions that affected their future. Trust in the state was rebuilt through ongoing dialogue and collaboration, building an important bridge between the government institutions and communities.

Ultimately, these experiences underscore the critical importance of participation, particularly when state decisions are made in the comfort of government offices, without appreciating the context and without involving communities. The voice of communities

Si bien la estrategia no planteaba soluciones a la complejidad total de las comunidades, mediante los talleres estas demandas pudieron reorientarse para resaltar el valor central y la oportunidad de proponer la escuela como el corazón de cada comunidad.

Este proceso también sirvió para reforzar la organización interna de las comunidades y su capacidad de enfrentar obstáculos. Parte de este proceso incluía la comprensión de derechos y deberes de las comunidades, tarea reflexiva que fue propuesta por el taller.

Como respuesta a las demandas de las comunidades, se generó desconfianza hacia el Estado. En muchos casos, al perder la esperanza en su capacidad para transformar realidades, la resistencia de las comunidades fue un desafío a considerar durante el desarrollo de los talleres.

En ese sentido, la participación a veces era escasa, debido a la desconfianza y complejidad de la supervivencia de dichas comunidades. Además, el género era un tema importante en la toma de decisiones, ya que los espacios a menudo eran dominados por dirigentes varones, y se relegaba a las mujeres, adultos mayores y niños en los diálogos, y se subestimaba su capacidad para aportar a los acuerdos sobre su bienestar.

En muchos casos, las instituciones y escuelas no tenían una comunicación fluida, y las comunidades carecían de voz y poder sobre sus decisiones, o sus dirigentes tenían poca credibilidad. Por ello, fomentar la inclusión de las comunidades de manera participativa en las decisiones educativas era primordial.

En este contexto, la propuesta de participación en los talleres se convirtió en el pilar fundamental para el éxito de la estrategia, así como para asegurar la viabilidad del Plan Selva. A pesar de las limitaciones y desafíos descritos, la mayoría de las comunidades se involucró de forma activa en las decisiones que afectaban su futuro. La confianza en el

in the planning, implementation, and maintenance of education infrastructure not only strengthens cultural identity and the social fabric, but also contributes to the long-term sustainability of educational or other projects of value to the community.

LESSONS LEARNED

The Comunal strategy was not a simple technical process of implementing infrastructure, but a shared journey to empower communities and holistically improve the quality of education. Along the way, participation became an essential element in building bridges of trust and ensuring a sustainable and fair future for education in many communities.

After a privileged journey in the Peruvian Amazon, through the dreams of education communities, we experienced the richness that a strategy like Comunal can offer to a state infrastructure project and to the community itself. Every step of the way we faced challenges in the process of participation that revealed the complex reality of communities. However, we also witnessed the dedication and perseverance of each community to make the strategy a success.

A number of fundamental questions and lessons remain. Most importantly, how can the state be genuinely trusted? The key aspect of this strategy is the creation of spaces for dialogue within the state apparatus. Although limited, these spaces are necessary. However, often they are the result of a particular and ephemeral perspective of the government in turn, rather than a systematic and institutional understanding of the relevance and added value of co-creating our realities.

Similar to Peru's exemplary consultation process before mining projects—a beacon of excellence for the region—other state infrastructure projects should implement similar mechanisms. To do so, they must be accompanied by a central policy

Estado se reconstruyó mediante el diálogo constante y la colaboración, y se estableció así un puente crucial entre las instituciones gubernamentales y las comunidades.

En última instancia, estas experiencias subrayan la importancia vital de la participación, en especial cuando las decisiones estatales se toman desde el gabinete, sin apreciar el contexto y sin incluir a las comunidades. La voz de las comunidades en la planificación, ejecución y mantenimiento de las intervenciones en infraestructura educativa no sólo fortalece la identidad cultural y el tejido social, sino que también contribuye a la sostenibilidad a largo plazo de los proyectos educativos o de otros proyectos de valor para una comunidad.

LECCIONES APRENDIDAS

La estrategia Comunal no fue un simple proceso técnico de implementación de infraestructura, fue un viaje conjunto hacia el fortalecimiento de las comunidades y la mejora integral de la calidad educativa. En este camino, la participación se erigió como un elemento indispensable para construir puentes de confianza y asegurar un futuro educativo sostenible y equitativo para muchas comunidades.

En el privilegio de haber recorrido la Amazonía peruana a través de los sueños de las comunidades educativas, experimentamos la riqueza que puede aportar una estrategia como Comunal a un proyecto de infraestructura estatal y a la comunidad misma. A lo largo de este camino, nos encontramos con momentos desafiantes en el proceso participativo, en los que la compleja realidad de las comunidades se hizo evidente. No obstante, también presenciamos el ahínco y la dedicación de cada comunidad para que la estrategia se llevara a buen puerto.

Quedan aún diversas lecciones y preguntas fundamentales. La principal es: ¿cómo confiar realmente en el Estado? La importancia de esta estrategia radica

that prioritizes social innovation, learns from traditional wisdom and collective dynamics, and works with local communities to look to the future. An important lesson that accompanies this process is the inclusion of a bilingual approach for indigenous communities in order to bridge the communication gap between schools, their education communities, and the state.

From a political and legal standpoint, more and more public consultation mechanisms have been opened up, allowing the inclusion of all the voices of communities and institutions that are working for a particular cause or project. Comunal hopes to have contributed to this new and necessary focus within the field of construction, on the basis of which the country's decisions and investments are territorialized.

Having emerged as a support for planning and participative forecasting exercises, this experience is an example of how to evolve toward the creation of platforms at each level of government, capable of reflecting their communities' decision, not as an added value but as a core aspect of their development.

Planning, forecasting, and implementing should be a shared and consensual endeavor for everyone present in a given territory. To create this commitment is to lay the first stone.

en haber abierto un espacio de diálogo dentro del aparato estatal. Aunque sean acotados, estos espacios son necesarios. Sin embargo, muchas veces son producto de la visión particular y esporádica de la gestión en turno, y no de una comprensión sistémica e institucional de la relevancia y el valor añadido de cocrear nuestras realidades.

Al igual que el ejemplar proceso peruano de consulta previa sobre proyectos extractivos —todo un referente en el ámbito regional—, otros proyectos de infraestructura estatal deberían albergar instancias similares. Para ello, deben ir acompañados de una política central que privilegie la innovación social, aprenda de las sabidurías ancestrales y las dinámicas colectivas, y se sirva de la mano de las comunidades para mirar al futuro. Una lección importante que acompaña ese proceso es la inclusión de un enfoque bilingüe para las comunidades nativas, que cierre la brecha de comunicación entre las escuelas, sus comunidades educativas y el Estado.

Desde una perspectiva político-legal, hoy se abren cada vez más caminos a la consulta pública y el involucramiento de todas las voces de las comunidades e instituciones que trabajan por una causa o proyecto en particular. Comunal espera haber aportado a este nuevo y necesario enfoque en el ámbito de la construcción, con base en el cual se territorializan las decisiones e inversiones en el país.

Al haber aparecido como soporte de los procesos de planificación y proyección participativa, esta experiencia, entre otras, busca evolucionar hacia la creación de plataformas en todos los niveles de gobierno, capaces de recoger la decisión de sus comunidades, no como un valor añadido, sino como un elemento central de su desarrollo.

Planificar, proyectar y ejecutar debe ser una tarea compartida y consensuada entre todos los actores presentes en un territorio. Generar este compromiso es poner la primera piedra.

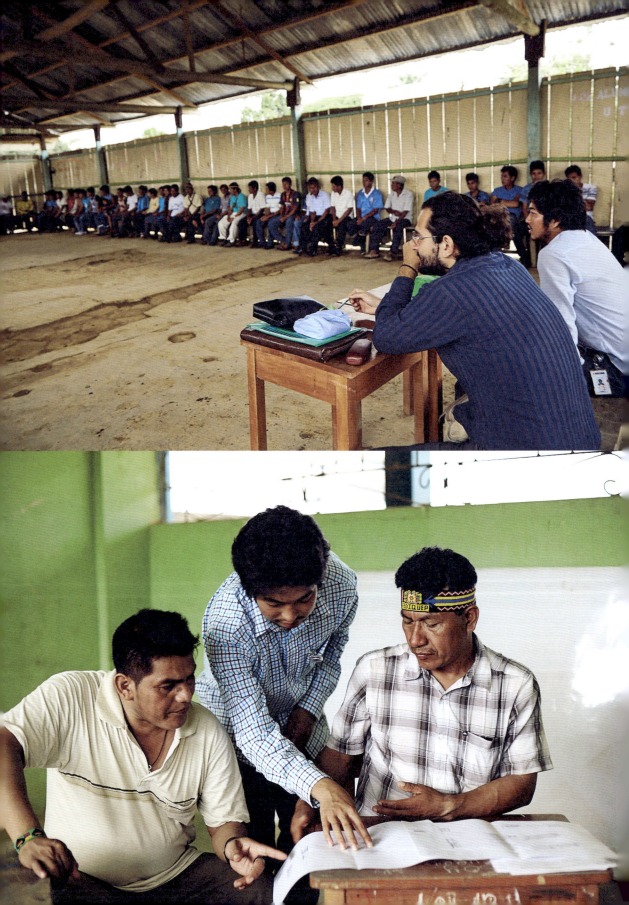

BRIGADAS EN FRONTERA (BeF)
BRIGADAS EN FRONTERA (BeF)
MIGUEL CHÁVEZ CORNEJO

Miguel Chávez Cornejo. A graduate in Architecture from the Pontifical Catholic University of Peru (PUCP), Chávez is a digital artisan specializing in innovative design solutions that merge technology with traditional techniques. After earning a master's degree (with distinction) from the Architectural Association, Chávez's work has also focused on design and construction methodologies, with an emphasis on responsible architecture. Passionate about the use of local materials, he seeks to highlight the social impact of purposeful design.

Miguel Chávez Cornejo. Arquitecto por la Pontificia Universidad Católica del Perú y artesano digital especializado en soluciones de diseño innovadoras que fusionan tecnología con técnicas tradicionales. Magíster con distinción por la Architectural Association, su trabajo se enfoca en la metodología del diseño y la construcción, y destaca la arquitectura responsable. Apasionado por el uso de materiales locales, busca enfatizar el impacto social del diseño con propósito.

As part of the Plan Selva, Brigadas en Frontera (BeF) were teams created to meet the challenge of implementing new infrastructure in the most remote rural areas of the Peruvian jungle.

This multidisciplinary strategy recognized the technical and political complexities of building infrastructure in places with low population densities and highly dispersed populations. For example, the Loreto region is similar in size to Germany, but has an extremely low population density of 2.8 versus 240 inhabitants per square kilometer in Germany.

The BeF program addresses the inaccessibility and autonomy of basic public services—water, electricity, and sanitation—while considering cultural diversity and the organizational capacity of local communities to achieve greater social impact. This section is intended to show anyone who wants to work in these conditions that bringing new infrastructure to remote rural areas requires multiple strategies that go beyond technical and structural considerations.

SHORTAGES AND REALITY

According to the World Bank's 2013 Education and Infrastructure Census, only 11.1% of schools in the Amazon region have adequate access to water and sanitation. In general, 63% of school premises lack drinking water or sanitation services through a mains supply or other system. This represents a population of more than 500,000 students without a healthy learning environment. The lack of facilities for sanitation or disposal of human waste creates centers of infections near schools.

COLLECTIVE IDEAS

BeF has created a research and development platform for alternatives for the supply of drinking water and sanitation services. We are a bridge between the Peruvian state, indigenous communities, the World Bank, the World Health Organization (WHO), universities, and private companies. The project included

Dentro del universo del Plan Selva, Brigadas en Frontera (BeF) fue la respuesta frente a la difícil tarea de implementar nueva infraestructura en las zonas rurales más remotas de la selva peruana.

Esta estrategia multidisciplinaria reconoce la complejidad técnica y política para la construcción de infraestructura en lugares de tan baja densidad y alta dispersión poblacional. La región Loreto, por ejemplo, cuenta con una extensión similar a la de Alemania, pero su densidad poblacional es muy baja −2.8 habitantes por km^2 contra 240 habitantes por km^2 en Alemania−.

BeF brinda una propuesta que acoge la difícil accesibilidad y la autonomía frente a redes de servicios básicos −agua, luz y desagüe−, al tiempo que abraza la diversidad cultural y la capacidad de organización de las comunidades locales, para de esta manera implementar una propuesta que tenga el mayor impacto social. El objetivo de este apartado es exponer a todo aquel que desee trabajar en estas condiciones, que la nueva infraestructura en zonas rurales remotas implica el desarrollo de múltiples estrategias que no se circunscriben únicamente al componente técnico y de construcción.

BRECHA Y REALIDAD

De acuerdo con el estudio realizado por el Banco Mundial para el Censo de Infraestructura Educativa (2013), sólo 11.1% de las escuelas de la Amazonía tienen acceso adecuado a agua y saneamiento. En general, 63% de los locales escolares no cuentan con abastecimiento de agua potable o saneamiento mediante una red pública u otro sistema. Esto representa una población de más de 500 000 estudiantes que no cuentan con un ambiente sano para el aprendizaje. La consecuencia de no contar con un lugar asignado para disposición de excretas y aseo, o contar con baños precarios, es que se generan focos infecciosos cerca de las escuelas.

contributions from these institutions to develop a comprehensive strategy that includes design, implementation, and community initiatives.

Through field visits and an analysis of municipal statistics and local health clinics, five priority areas were identified by cross-referencing two indicators: 1) places with higher concentrations of schools without proper water supply or sanitation, and 2) districts with higher levels of child malnutrition and acute diarrheal diseases. With this information we created a map prioritizing rural schools that met these criteria. The districts identified were Contamana, Purús, Napo, Putumayo, and Río Santiago.

RESEARCH AND EXPERIMENTATION

At the same time that we were developing the diagnosis and focus of the strategy, we ran an experimental design course at the Faculty of Architecture and Urbanism of the Pontifical Catholic University of Peru (PUCP), which encouraged students to research and propose alternative sanitation models for rural areas and to design a prototype of a self-contained toilet.

This first prototype was built on the university campus, and tests were conducted on materials, structural details, and the complexity of the installation process. Specialists in alternative sanitation from the National Agrarian University of La Molina (UNALM) helped make essential technical improvements to develop the drinking water and human waste treatment systems. We also carried out in-depth analysis of national water and sanitation issues and identified the four key components of the systems: rainwater harvesting, toilets, urine and composting box systems.

LOCAL COMMUNITY

Community participation is essential to ensure the project's sustainability. Therefore,

CONSIDERACIÓN COLECTIVA

Frente a esta situación, BeF creó una plataforma de investigación y desarrollo de proyectos de alternativas de acceso a agua y saneamiento. Articulamos las relaciones entre el Estado peruano, las comunidades nativas, el Banco Mundial, la Organización Mundial de la Salud (OMS), universidades y empresas privadas. El proyecto concentró los aportes de estas instituciones para elaborar una estrategia holística, desde el diagnóstico, las soluciones técnicas, el diseño, la implementación y el trabajo en comunidad, con la finalidad de brindar una respuesta pertinente.

Las visitas de campo y el análisis de datos estadísticos de municipios y centros de salud locales permitieron definir cinco zonas prioritarias al cruzar dos indicadores: 1) lugares con mayor concentración de escuelas sin suministro adecuado de agua y eliminación de excrementos, y 2) distritos con mayores niveles de desnutrición infantil y enfermedades diarreicas agudas. Con esta información se creó un mapa de priorización de concentración de escuelas rurales que cumplían estas condiciones. Estos distritos fueron Contamana, Purús, Napo, Putumayo y Río Santiago.

INVESTIGACIÓN Y EXPERIMENTACIÓN

De manera simultánea al diagnóstico y la focalización, lideramos un curso de diseño experimental en la facultad de arquitectura y urbanismo de la Pontificia Universidad Católica del Perú (PUCP), el cual se enfocó en que los estudiantes investigaran y propusieran modelos sanitarios alternativos para zonas rurales, y diseñaran un prototipo de baño autónomo.

Este primer prototipo se construyó en el campus universitario y puso a prueba materiales, detalles constructivos y la complejidad de la instalación. También se mejoraron aspectos técnicos con el apoyo

we developed workshops and communication strategies. The plan included prior visits to each community to explain the project and obtain their approval, as well as their support in providing food and camping areas for the volunteers. During the implementation phase, the participants carried out other activities with the children, teachers, and community members who had expressed an interest in the project, in order to emphasize the importance of hygiene, handwashing, and the alternative systems installed.

A key decision was to monitor the operation of each toilet installed over the course of a year. The children's feedback and experiences were particularly helpful in optimizing the design.

THE PROJECT

The architectural project focused on the custom details and solutions to work with the materials at hand and the limited range of tools available, given the lack of electricity in the areas. The work also took into account the skills and abilities of the volunteers, most of whom were architecture students.

The design and detailing of each construction component, transport logistics, and ease of maintenance were all essential. Nothing could be too large or too heavy as the volunteers and members of the local community had to be able to carry it.

The installed modules were adapted to the needs along the way. The design varies in scale, from single- to double-unit toilets, all raised off the ground to protect the composting boxes from flooding and animals. Each toilet has a rainwater harvesting system, and two water storage tanks raised above the toilets. The tanks store water for handwashing and urinal cleaning. The composting boxes have two chambers that separate the urine from the feces, and an exchangeable seat. The volume is calculated so that at the end of the school

de especialistas en saneamiento alternativo de la Universidad Nacional Agraria La Molina (UNALM), fundamentales en el desarrollo de los sistemas de agua y tratamiento de excretas implementados. Además, profundizamos en la problemática nacional de agua y saneamiento y definimos cuatro componentes clave de los sistemas: la recolección de lluvias, el lavatorio, el sistema de orina y el sistema de cajas composteras.

COMUNIDAD LOCAL

La participación de la comunidad es esencial para garantizar la sostenibilidad del proyecto; por ello, desarrollamos talleres y estrategias de comunicación. La estrategia incluía visitas previas a cada comunidad para explicar el proyecto y obtener su aprobación, así como su apoyo con la alimentación y el campamento de los brigadistas. Durante la implementación, se realizaron otras actividades con niños, docentes y miembros de la comunidad interesados, para resaltar la importancia de la higiene, el lavado de manos y los sistemas alternativos instalados.

Una decisión fundamental fue monitorear por un año el funcionamiento de cada baño instalado. Los comentarios y experiencia de los niños fueron especialmente valiosos para la optimización del diseño.

EL PROYECTO

La propuesta arquitectónica se concentró en los detalles y soluciones hechas a medida para responder a los materiales disponibles y la limitada opción de herramientas, dado que las zonas carecen de electricidad. También se tuvieron en cuenta la capacidad y las habilidades de los brigadistas, en su mayoría estudiantes de arquitectura.

El diseño y detalle de cada pieza y elemento requerido para la construcción, la logística de transporte y la sencillez del mantenimiento fueron esenciales. Nada podía ser demasiado grande o pesado porque

year the composting box can be changed, allowing enough time for the contents of the full chamber to dry properly. An infiltration channel to mix the urine and water from the toilet ensures proper dilution and prevents concentrations in the soil.

An important lesson was to prefabricate the main components using lightweight, easily transportable materials, and to ensure there would be no operating malfunctions. We designed and installed custom-made fiberglass toilets and composting boxes, and worked alongside the PUCP's Engineering Department to incorporate a compact and autonomous system of photovoltaic panels for nighttime lighting.

As part of the knowledge transfer, we also prepared a clearly written and detailed construction manual for volunteers to easily assemble the toilets, and information for the local communities to understand and be able to replicate parts of the project.

CONSTRUCTION AND IMPLEMENTATION

During this phase, we trained students and volunteers as "brigadistas-BeF" in workshops and classes. This was essential to ensure safe travel, manage construction, and to make the experience of living in the remote Peruvian jungle as convivial as possible. Each implementation mission was carefully planned, with great attention paid to the organization of materials, human resources, food, and construction work.

We worked with specialists in Amazonian anthropology to develop strategies to make the experience of living with local communities as smooth as possible, and to teach participants about local culture and customs. Communication strategies were also used to discuss health and hygiene issues with the school communities, as well as the operation and maintenance of the alternative systems.

tenía que ser cargado por los brigadistas y miembros de la comunidad local.

Los módulos instalados fueron adaptándose a las necesidades. El diseño varía en escala, desde baños de un solo espacio hasta baños dobles, todos elevados del suelo para protección de las cámaras de compostaje frente a inundaciones y animales. Cada baño cuenta con un sistema de captación de agua pluvial, dos tanques de reserva de agua elevados sobre el nivel de uso de los baños. Estos tanques permiten tener agua para el lavado de manos y la limpieza del urinario. Las cajas de secado son cámaras dobles, con un separador de orina y asiento intercambiable. El volumen está calculado para que al final de un año escolar se cambie de cámara, dándole tiempo suficiente a la cámara llena para secar adecuadamente toda la materia interna. Con cada baño se instala una zanja de infiltración para la orina y el agua del lavatorio, que sirve para diluirla y evitar concentraciones en el terreno.

Una conclusión importante fue la prefabricación de los componentes principales en materiales ligeros para facilitar el transporte y asegurarse de que no tuvieran fallas de funcionamiento. Diseñamos e instalamos lavatorios y cajas para el compostaje de las excretas de fibra de vidrio hechos a medida, también trabajamos junto con el departamento de ingeniería de la PUCP para incorporar un sistema compacto y autónomo de paneles solares para la iluminación nocturna.

Asimismo, como parte de la transferencia de conocimientos, elaboramos un manual de construcción con un lenguaje sencillo y detallado que permitió a los brigadistas construir sin mayores problemas y a las personas de las comunidades cercanas entender y replicar partes del proyecto.

CONSTRUCCIÓN E IMPLEMENTACIÓN

En esta etapa, capacitamos a estudiantes y voluntarios como brigadistas-BeF mediante

During BeF 1.0, 30 volunteers participated over a ten-day period, working closely with the local communities to construct five toilet facilities in primary schools in the Napo district. For BeF 2.0, 18 volunteers spent eleven days building three toilet facilities in the primary schools in the Contamana district. Twenty-four volunteers worked in BeF 3.0 for twelve days, building four toilet facilities in primary schools in the Putumayo district.

Each site had unique characteristics and required a different approach to delivering materials and transporting people. The Plan Selva team traveled to each site to supervise the volunteers and assist with the construction for two days to maximize efficiency and resolve any doubts.

The project's outcome was extremely successful and welcomed by the local communities. The first interventions won the first prize in the 2016 Quito Architecture Biennial, in the Social Habitat and Development category. However, it's important to remember that—in conjunction with the WHO's analysis—such interventions are still urgently needed in more than 400 school premises. *Much remains to be done.*

CONCLUSIONS

BeF highlights the importance of developing the right strategies to implement infrastructure in remote rural areas. This kind of challenge needs to be addressed from a multi-sectoral approach, with the cooperation and participation of public and private entities, working in partnership with national and international organizations to find bespoke solutions. The interventions need to take a positive approach to the reality of local climatic and geographical conditions, as well as social and cultural aspects.

Such tailor-made projects under these particular conditions must recognize the need to learn from mistakes, emphasize the importance of the architectural prototype,

talleres y clases. Esto fue obligatorio para garantizar un viaje seguro, gestionar la construcción, y por supuesto, asegurar la convivencia en lugares tan aislados en la selva peruana. Cada viaje de instalación fue meticulosamente planificado, organizando materiales, personas, alimentación y actividades de construcción con sumo detalle.

Desarrollamos estrategias de convivencia en comunidades con la ayuda de especialistas en antropología amazónica, profundizando en la cultura y costumbres locales. También se pusieron en práctica estrategias de comunicación sobre higiene y salud de la comunidad educativa, y sobre el funcionamiento y mantenimiento de los sistemas alternativos.

BeF 1.0 contó con la participación de 30 brigadistas, quienes durante 10 días, de la mano con las comunidades locales, construyeron cinco baños en las escuelas primarias del distrito de Napo. BeF 2.0 contó con 18 brigadistas durante 11 días, durante los cuales se construyeron tres baños en escuelas primarias del distrito de Contamana. BeF 3.0 contó con 24 brigadistas durante 12 días para construir cuatro baños en escuelas primarias del distrito de Putumayo.

Cada lugar presentó características únicas y una logística particular para el abastecimiento de materiales y el traslado de personas. El equipo de Plan Selva viajaba para supervisar a los brigadistas y apoyaba en la construcción en cada localidad durante dos días, para aumentar su eficiencia y resolver cualquier duda.

El proyecto obtuvo excelentes resultados y fue bien recibido por las comunidades en las que se instaló. Las primeras intervenciones ganaron el primer lugar en la Bienal de Arquitectura de Quito 2016, en la categoría de Hábitat Social y Desarrollo. Sin embargo, no hay que olvidar que junto con la OMS se determinó que más de 400 locales escolares necesitaban este tipo de intervención de manera prioritaria. *Hay mucho por hacer.*

and question decisions at all times. The main objective of BeF is to transfer knowledge through experience and to demonstrate that well-designed architecture and engineering can have a great human and social impact, even in the case of a small and simple construction projects.

CONCLUSIONES

BeF resalta la importancia de desarrollar estrategias adecuadas para implementar infraestructura en zonas rurales remotas. Este reto debe ser asumido desde una plataforma multisectorial, con la colaboración y participación de entidades públicas y privadas, teniendo como aliados a organismos nacionales e internacionales que busquen de manera conjunta soluciones hechas a medida y que acojan de manera positiva tanto la realidad climática y geográfica como la social y cultural.

Este tipo de proyectos a medida, para condiciones tan particulares, deben reconocer la necesidad de aprender de los errores, destacar la importancia del prototipo arquitectónico y cuestionar las decisiones tomadas cada vez. El objetivo principal de BeF es transmitir conocimientos a través de la experiencia y demostrar que la arquitectura y la ingeniería bien diseñadas pueden tener un gran impacto humano y social, aunque se trate de un edificio pequeño y elemental.

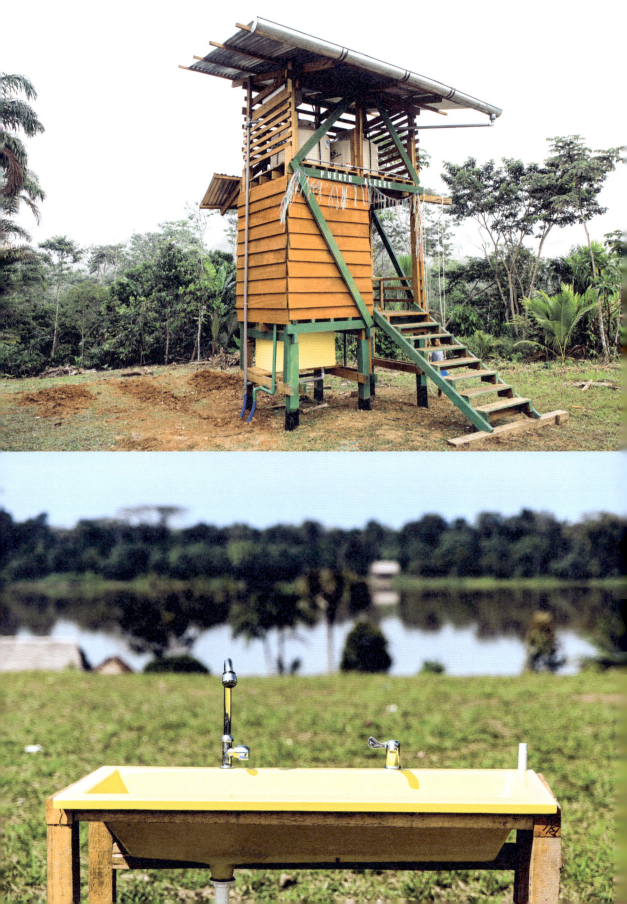

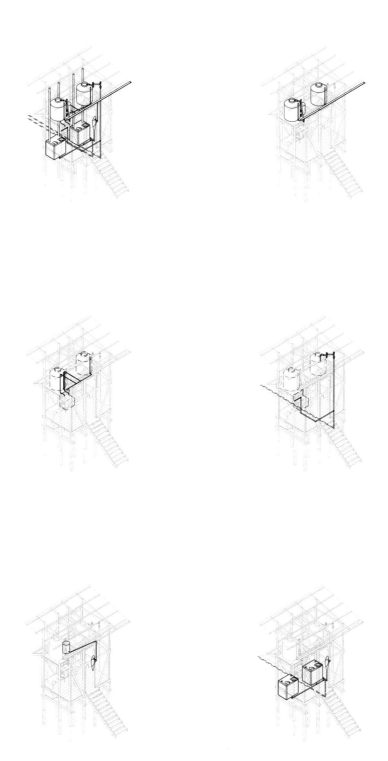

UNA SECCIÓN DEL PROYECTO
ONE SECTION OF THE PROJECT
SEBASTIÁN CILLÓNIZ + JOSÉ LUIS VILLANUEVA

Sebastián Cillóniz. A graduate in Architecture from the Pontifical Catholic University of Peru (PUCP), and with a master's degree in Advanced Architectural Design from Columbia University in New York, Cillóniz has specialized in teaching project workshops. His work seeks to deepen the typological and genealogical relationship of buildings.

José Luis Villanueva. A graduate in Architecture from the Pontifical Catholic University of Peru (PUCP), and with a master's degree in Critical, Curatorial and Conceptual Practices in Architecture from Columbia's Graduate School of Architecture, Planning, and Preservation, Villanueva combines his work as an architect with publishing, teaching, and research. Currently study director at the PUCP's Faculty of Architecture and Urbanism.

Sebastián Cillóniz. Arquitecto por la Pontificia Universidad Católica del Perú y Master of Science in Advanced Architectural Design por la Universidad de Columbia en Nueva York. Su actividad principal es impartir el taller de proyectos. Su trabajo busca profundizar en la relación tipológica y genealógica de los edificios.

José Luis Villanueva. Arquitecto por la Pontificia Universidad Católica del Perú (PUCP), Master of Science in Critical, Curatorial, and Conceptual Practices in Architecture por la Columbia Graduate School of Architecture, Planning, and Preservation. Su trabajo combina la arquitectura con el trabajo editorial, la docencia y la investigación. Actualmente es el director de estudios de la Facultad de Arquitectura y Urbanismo de la PUCP.

1

Two asymmetrical L-shaped beams, one at 45 degrees and the other at 18 degrees—the minimum required for rainwater drainage in the Peruvian Amazon—connect with a 5.90-meter column with the same L-shaped profile to create the ridge of the roof, which is raised 6.80 meters above the ground and clad with thermoacoustic panels. Two additional columns support the 18-degree beam, forming the structural framework of a typical section of the Plan Selva project.

The exterior of this section does not necessarily reflect the interior activities. While steel is the load-bearing structure, wood is used to form the indoor spaces on a smaller scale. These claddings are replicable systems containing the programmatic requirements and the contact with people and their surroundings; wooden walls and thresholds of different thicknesses that produce benches, lattices, doors, shelving, lockers, bookcases, and study cubicles. The shifting rhythm in the strips' placement makes it possible to calibrate their opaqueness for natural lighting and ventilation.

On a mosaic of columns raised above the clay soil, which levels the section to the ground and protects it from the natural cycle the river levels and rainfall, a wooden floor connects the interior and exterior spaces.

2

The Plan Selva section is repeated as many times as required in three-meter bays to create covered spaces on a uniform floor. For a classroom, for example, the section must be repeated four times. For cafeterias and dormitories, six times. The size of space required is determined by each school's needs and possibilities.

The creation of a typical section makes it possible to concentrate a maximum number of architectural decisions and information in this moment, by articulating a complex

1

Dos vigas de perfil en L, asimétricas, una a 45° y la otra a 18° —el mínimo necesario para el drenaje de aguas de lluvias en la región de la Selva peruana–, se unen con un pilar del mismo perfil en L, de 5.90 m, para crear la cumbre del techo elevada 6.80 m sobre el nivel del terreno y rematada con paneles termoacústicos. Dos pilares adicionales sostienen la viga de 18°, construyendo el marco estructural de una típica sección del proyecto Plan Selva.

La constitución exterior de esta sección no indica necesariamente los eventos que ocurren en el interior. Si el acero es el material estructural, la madera es el material que configura los espacios interiores, de menor escala. Estas envolventes son sistemas repetibles en los que se alojan las necesidades y el contacto con las personas y su entorno; muros y umbrales de madera con espesores que producen bancas, celosías, puertas, estanterías, casilleros, libreros y cubículos de trabajo. El ritmo en la colocación de los listones permite calibrar su opacidad, dejando también filtrar la luz y el aire.

Sobre un mosaico de pilares elevados del suelo arcilloso, que nivela la sección al terreno y la protege del ciclo natural de crecimiento de los ríos y lluvias, se despliega un piso uniforme de tablas de madera que conecta los espacios interiores y exteriores.

2

La sección del proyecto se repite, en crujías de 3 m, cuantas veces sea necesario, para generar espacios techados sobre un piso uniforme. Para un aula, por ejemplo, la sección se repetirá cuatro veces. Para comedores y dormitorios seis. Las dimensiones necesarias de los espacios se constituyen con base en las posibilidades y necesidades de cada escuela.

La creación de una sección típica permite concentrar la mayor cantidad de inteligencias y decisiones arquitectónicas en ese momento, al articular una relación

relationship between structure, material, spatial sequences, and construction details at varying scales. It distributes the structural load at multiple points for different types of soil; and it creates the slopes for rainwater runoff and therefore the overhangs to provide protection from solar gain. It mediates between interior and exterior, creating a threshold like a circulation corridor and terraces facing onto the school's sports and institutional spaces. The design systematizes its production so that it can not only be replicated but above all perfected over time.

This open-section system was a particularly essential choice because it creates the minimum areas required for the different spaces needed for a school: classrooms, bathrooms, multipurpose rooms, teachers' common rooms, storage rooms, cafeterias, libraries, while leaving enough flexibility for special layouts and school programs. In other words, by creating an open system of bays, in which spaces can grow, shrink, or be reconfigured, we can imagine an architecture that can adapt according to shifting teaching precepts and as we develop the need to articulate different ways of understanding education, and therefore the spaces that will make this possible.

3

Peru's education infrastructure has historically been replicable but not open. The architecture of programmatically predetermined pavilions, made of reinforced concrete structures and confined masonry, has been developed indiscriminately distributed across Peru. People recall how the governments in the 1990s built a new school every day in a mix of polices of investment in education and populist narratives, turning them into symbols of a regime and their vision of progress. Each one was generic and ubiquitous, the same as the one before.

Plan Selva's architecture is integrated in the tension between what we consider a

compleja entre constructividad, materialidad, secuencias espaciales y detalles constructivos en diferentes escalas. Soluciona las cargas estructurales, repartiéndolas en múltiples puntos para suelos de características variables. Resuelve las pendientes para el drenaje pluvial y genera con ello volados que protegen de la radiación solar. Opera como mediadora entre interiores y un umbral a manera de pasillo de circulación y de gradería hacia los equipamientos deportivos e institucionales de los colegios. Sistematiza su producción, que no sólo sea replicable, sino sobre todo perfectible con el tiempo.

La generación de un sistema abierto de sección típica fue una decisión central porque permite cumplir con las áreas mínimas requeridas para los distintos espacios de un colegio –aulas, baños, salas de usos múltiples, oficinas docentes, depósitos, comedores, bibliotecas, etc.–, pero deja en suspenso la posibilidad de entender una configuración espacial y programática escolar de manera distinta. Es decir, establecer un sistema abierto de crujías, en el que los espacios crecen, se comprimen y reconfiguran, permite imaginar una arquitectura capaz de adaptarse a medida que los preceptos sobre la enseñanza se problematicen y tengamos que articular otras maneras de entender la educación, y por consiguiente, los espacios que la hacen posible.

3

Históricamente, la infraestructura educativa en el Perú ha sido repetible pero no siempre abierta. La arquitectura de pabellones programáticamente preestablecidos, construidos con estructuras de concreto armado y albañilería confinada, está distribuida de manera indistinta por todo el territorio. Durante la década de 1990, en una mezcla entre políticas de inversión en educación y narrativas populistas, se recuerda cómo el gobierno de turno construyó una escuela cada día, hasta convertirlas en símbolos de un régimen y su

site-specific design and the search for replicability. It's a section that can only be understood by subjecting it to its environmental, social, and geographical context. The choice of material revealed the difficulties that any construction faces in terms of its materials and production processes. Steel, on the one hand, a product of highly technical industrial processes, and wood, on the other, locally available, and only just starting to become an industrial product, and wrongly disparaged as a symbol of precariousness. The project is faced with the apparent hegemony of reinforced concrete and brick, the predominant materials in most of our cities today and understood as the only visible sign of progress and development.

Plan Selva addresses this issue by proposing sustainable practices in sourcing timber by collaborating with institutions such as the Forest Stewardship Council, which guarantees a sustainable production chain. In a more complex proposal, the idea was for communities to appropriate their new schools, because they will ultimately be the ones responsible for their maintenance and upkeep. In this case, the technical aspects of the section is in dialogue with more widely available, generic, and easily reparable materials.

4

Beyond its technical components, however, the schools' architecture should be read and contextualized in a project of this scale. Plan Selva is, above all, a state infrastructure project. As a political initiative, it is articulated through agreements and discrepancies. The resulting architecture must be understood as the outcome of a complex interaction of decisions and acts of resistance on several scales.

As the project worked its way through the state bureaucracy, it acquired internal aspects and logics that expanded the planning tools, forms of representation, and therefore the complexity of decision-making. Plan

visión de progreso. Cada una igual a la anterior, genéricas y ubicuas.

La arquitectura de Plan Selva se inserta en la tensión entre lo que consideramos un diseño específico y la voluntad de su replicabilidad. Es una sección que sólo puede entenderse si está sujeta a su entorno medioambiental, social y geográfico. La elección del material hizo visible las dificultades que toda edificación enfrenta en sus materiales y procesos productivos. Por un lado, el acero, producto de procesos industriales y altamente tecnificado, y por el otro, la madera, disponible en las localidades, de industrialización incipiente y erróneamente relegada como símbolo de precariedad. Así, el proyecto se enfrenta a la aparente hegemonía del concreto armado y el ladrillo, materiales predominantes en la mayor parte de nuestras ciudades hoy en día y entendidos como única señal visible de progreso y desarrollo.

El Plan Selva dialoga con esta problemática al proponer prácticas sostenibles en la producción de madera por medio de instituciones como la Forest Stewardship Council, que garantizan la cadena sostenible del material. Un propósito más complejo, sin embargo, propuso buscar que las poblaciones atendidas por estas nuevas escuelas se apropien de esta nueva infraestructura. En este caso, la tecnificación de la sección dialoga con los materiales ubicuos y genéricos para su reparación.

4

Más allá de sus componentes técnicos, la arquitectura de las escuelas debe ser leída y puesta en contexto ante un proyecto de esta envergadura. Plan Selva es, antes que nada, un proyecto del Estado. Nace de una voluntad política, por lo tanto, se articula a partir de sus acuerdos y discrepancias. El resultado arquitectónico debe entenderse como el producto de una compleja orquestación de decisiones y resistencias en múltiples escalas.

Selva's documentation did not solely consist of architectural plans: emails, invoices, service orders, terms of reference, competition rules, project descriptions, letters of introduction, technical specifications, digital presentations, budgets, schedules, tables, and statistics, among other things were involved at the same level or even above plans, details, models, and renders. The project's territories were not limited to Peru's five Amazonian regions: its spatial and political displacement extended to multiple meeting rooms, offices, government buildings, settlements, rivers, and forests.

The architectural project showed that buildings are not just an accumulation of design decisions and their modifications, following norms or representing social agreements and intentions, all responding to an emergency. They are also social entities in their own right, capable of connecting the largest number of heterogeneous actors on every scale, both within their productive processes and in the shade of their sloping roofs.

The buildings emerge at the intersection of many intentions, power relations, and chance events. They mobilize, enable, and gather. The architectural result, visible from the earliest photographs, is more than the sum of all their physical and visible parts; it is also the assemblage of the set of associations that made it possible; their difficulties, existing and future controversies. This is how Plan Selva's architecture—this transformation of negotiated ideas into a built form—must also be understood as a section of the project: a brief moment in the building's life.

En un proceso de decantación a través del aparato estatal, el proyecto adquirió dimensiones y lógicas internas que lograron expandir sus herramientas proyectuales, sus formas de representación, y por consiguiente, la complejidad de sus decisiones.Los documentos del Plan Selva no fueron únicamente sus planos: correos, facturas, órdenes de servicio, términos de referencia, bases de concurso, fichas, cartas de presentación, especificaciones técnicas, presentaciones digitales, presupuestos, cronogramas, tablas y estadísticas, entre otros, participaron en el mismo nivel o incluso por encima de los planos, detalles, maquetas y representaciones visuales. Su territorio no fueron sólo las cinco regiones amazónicas del país: su desplazamiento espacial y político abarcó también múltiples salas de reuniones, oficinas, edificios gubernamentales, asentamientos, ríos y bosques.

El proyecto arquitectónico puso en evidencia que los edificios no son sólo una acumulación de decisiones de diseño y sus modificaciones, el seguimiento de normativas o la representación de intenciones y acuerdos sociales, que responden todos a un llamado de urgencia. Son también entidades sociales en sentido propio, capaces de conectar la mayor cantidad de actores heterogéneos a toda escala, tanto dentro de sus procesos productivos como bajo la sombra de sus techos.

Los edificios surgen en la intersección de muchas voluntades, tensiones de poder y casualidades. Movilizan, permiten y congregan. El resultado arquitectónico, visible desde sus primeras fotografías, es más que el cúmulo de todas sus características físicas y visibles; es también el ensamblaje de las asociaciones que lo hicieron posible, sus dificultades, las controversias que produjo y las que producirá. Así la arquitectura de Plan Selva —esta transformación de ideas negociadas en una forma construida— debe ser entendida también como una sección del proyecto: un breve momento en la vida del edificio.

SISTEMA PREFABRICADO MODULAR
PREFABRICATED MODULAR SYSTEM
GINO FERNÁNDEZ

Gino Fernández. A graduate in Architecture from the Pontifical Catholic University of Peru (PUCP), and with a master's degree in Urban and Land Planning from the Polytechnic University of Madrid (UPM), Fernández is a specialist in project development and national and international strategic programs. His work addresses architecture, city planning, and urban developments through innovative strategies, to create more livable and resilient urban environments.

Gino Fernández. Arquitecto por la Pontificia Universidad Católica del Perú y máster en Planeamiento Urbano y Territorial por la Universidad Politécnica de Madrid. Especializado en el desarrollo de proyectos y planes estratégicos nacionales e internacionales, en su trabajo aborda ámbitos de arquitectura, planificación de ciudades y desarrollos urbanos mediante la elaboración de estrategias innovadoras, con lo cual logra entornos urbanos más habitables y resilientes.

The Amazon rainforest's particular environment, as well as the state of Peru's education infrastructure and the government's scope for intervention, led to the choice of a prefabricated modular system. This system's design meets specific needs for replicability, scalability, and flexibility, and ensures high quality construction for a large number of interventions in rundown schools and to help close the infrastructure gap in the Amazon region. The design also took into account a key design factor: the structure had to be transportable via air, ground, and river, and buildable in the Amazon's particular climate.

The system consists of various prefabricated modules and connectors capable of withstanding the local climate and meeting the system's requirements. Moreover, these elements could be assembled on site and adapted to the specific teaching needs of each school. The goal was to replace part or all of existing schools to provide superior infrastructure and education in rural areas.

The infrastructure "kit" consists of prefabricated modules and connectors, combined with the teaching equipment and alternative systems for water management, drainage, and energy. These components respond to the needs of individual schools through a more systematic approach and therefore provide greater control over manufacturing and distribution. By providing the necessary infrastructure, school equipment, and access to basic services through these kits, this approach addresses school's needs as a whole.

PREFABRICATED MODELS

A range of six types of prefabricated modules responds to each school's various requirements and can include different programs, with classrooms for early learning, psychomotor skills, primary and secondary lessons, a multipurpose room, teachers' common room, library, cafeteria, student dormitories,

Las condiciones particulares del territorio amazónico, así como el estado de la infraestructura educativa y la posibilidad de intervención del Estado, motivaron una respuesta canalizada por medio de un sistema prefabricado modular. Este sistema ha sido diseñado para cumplir condiciones específicas, como la capacidad de ser replicable, escalable y flexible, y garantizar altos estándares de calidad, con el objetivo de abarcar, en diferentes etapas, un gran número de intervenciones en colegios que se encuentran en mal estado, y de esta manera, ayudar a reducir la brecha de infraestructura en la Amazonía. Además, para el diseño, se consideró un factor muy relevante: la capacidad del sistema para ser transportado por vía aérea, terrestre y fluvial, así como la posibilidad de ser ejecutado en las condiciones climáticas particulares de las zonas rurales de la Amazonía.

Para ello, se desarrolló un catálogo arquitectónico de módulos y conectores prefabricados, adaptados a las condiciones climáticas, que cumplen con dichas características y además pueden ser armados *in situ* y adecuarse a los requerimientos pedagógicos que presente cada escuela, con el objetivo de poder reemplazar total o parcialmente un local escolar, para mejorar sustancialmente la calidad de la infraestructura, y por ende, la enseñanza, en zonas rurales.

El sistema prefabricado, que incluye los módulos y los conectores, así como el mobiliario educativo y el equipamiento o los sistemas alternativos de agua, saneamiento o energía, conforman el denominado *kit* de infraestructura. Éste se propone como una agrupación de componentes o piezas que pueden ser destinadas a un colegio para el cumplimiento de sus necesidades, pues permite tener una mejor sistematización de elementos, por lo tanto, un mayor control sobre la logística de fabricación y distribución, garantizando que las escuelas puedan ser atendidas de manera integral, al satisfacerse la necesidad

bathrooms, and more. The modules are made up of a mixed system that uses metal parts for the structural elements, producing a main structure of bolted metal profiles; the roof and exterior walls are made of thermoacoustic aluminized steel panels and expanded polystyrene foam to reduce the noise of rain and to prevent solar gain.

    Wood is also used for the interior walls, school furniture, and finished floors. The parts were designed as independent elements that could be mass-produced, easily transported to the schools' rural locations, and dry-assembled to reduce construction times.

    Conceptually, the modules have three components—roof, walls, and floor—that are designed to:

– Protect: the metal roof with thermoacoustic insulation panels covers a large area, with eaves on all four sides to shelter the interiors from the strong sun and torrential downpours in the Amazon region.

–Insulate: the floor, consisting of a grid of bolted metal joists and beams and finished with tongue-and-groove joined wooden boards, raised 90 centimeters above the ground to protect the usable surface area from soil moisture, flora and fauna, floods and overflows. The elevation also adapts the modules and connectors to the Amazon region's uneven terrain. The floor works as a continued, raised feature that allows circulation throughout the school building.

–Organize: the 12-milileter phenolic plywood interior walls, with an internal structure of wooden posts, use vertical surfaces to diversify and organize the interior spaces with maximum flexibility. By not interfering with the main metal structure, these elements can be freely used within the spaces, allowing different programs for a wide range of indoor activities.

de infraestructura, mobiliario y de acceso a servicios básicos por medio de estos *kits*.

MÓDULO PREFABRICADO

Se diseñó un catálogo de seis tipos de módulos prefabricados que responden a la diversidad de necesidades de cada institución educativa y pueden tener diferentes programas, como aula inicial, aula psicomotriz, aula primaria, aula secundaria, sala de usos múltiples, sala para docentes, biblioteca, comedor, dormitorio para estudiantes, baños, entre otros. Los módulos están compuestos por un sistema mixto que utiliza piezas metálicas para los elementos estructurales, lo que resulta en una estructura principal de perfiles metálicos ensamblados con pernos, mientras que la cubierta y los muros perimétricos se diseñan en planchas termoacústicas de acero aluminizado y espuma de poliuretano expandido para mitigar el ruido del impacto de las lluvias y reducir la transmitancia térmica de las altas temperaturas al espacio interior.

    Además, se utilizan elementos en madera para el diseño de los muros interiores, el mobiliario educativo y el piso terminado. El diseño de las piezas ha sido concebido como elementos independientes que permitan su fabricación en serie, faciliten el transporte hacia las zonas rurales en donde se emplazan los colegios y admitan un ensamblado en seco, reduciendo así el tiempo de construcción.

    Conceptualmente, los módulos tienen tres componentes: la cobertura, los cerramientos y el piso, que tendrán a su vez diferentes funciones:

–Proteger: la cobertura, de estructura metálica y planchas termoacústicas, tiene la función de cubrir una gran superficie, con volados en sus cuatro lados, para proteger el espacio interior de la radiación solar y las precipitaciones extremas del territorio amazónico.

–Aislar: el piso, compuesto por un entramado de vigas y viguetas metálicas,

The standard module design contemplates a main metal structure of beams, joists, and columns embedded in the concrete strip footing. The structural beams enable large spans, create open-plan spaces clear of structural elements, and allow a gabled roof with a 13% pitch. One side of the roof extends outward with metal beams reaching down to the concrete footing; this design generates outdoor terraced seating, overlooking the school's communal space or playground. The metal structural elements create a maximum roof height of 7 meters, helping to mitigate the high temperatures in the Amazon.

The module also has opaque side walls, placed to provide a usable height of 2.10 meters. A wooden lattice on the front and rear walls provides cross-ventilation and greater visual control and permeability for the interior. This wooden grid protrudes outward on the four sides to create the Venturi effect, expelling warm air from above while ventilating the area below where the school activities take place.

Two transitional spaces at the front and rear insulate the interior, the location of the main activities. At the front of the modules, the transition is formed by an entry corridor and connection, which also provides a passage between the inside to outside, regulating the temperature and preserving the usable space. The transitional spaces also provide a games and relaxation area for students and teachers to enjoy when the weather makes it impossible to be completely outside.

CONNECTORS

A series of 12 connectors play a key role in organizing and articulating the modules by providing an above-ground circulation route and allowing the building to continue to be used in flooded conditions. Some of these connectors, such as the ramps and stairs, provide access to the modules, because of

ensamblado con pernos, y rematado con un machihembrado de madera, se eleva 90 cm sobre el terreno natural para proteger la superficie útil de la humedad del suelo, de la flora y fauna, y de las inundaciones por precipitaciones, desborde o alza del nivel de los cuerpos de agua. Asimismo, elevar el piso permite que los módulos y los conectores se adecuen de mejor manera al terreno agreste de la Amazonía. El piso funciona como un elemento continuo a sobrenivel y permite establecer un recorrido por todo el local educativo.

–Organizar: los muros interiores de *triplay* fenólico de 12 mm, con estructura interna de parantes de madera, aprovechan las superficies verticales para diversificar y organizar los espacios interiores con total flexibilidad. Debido a que no interfieren con la estructura metálica principal, pueden disponerse libremente dentro de los espacios, y al dar una respuesta programática variable, posibilitan multiples actividades en el interior.

El diseño del módulo tipo considera una estructura principal metálica compuesta de vigas, viguetas y columnas, las cuales se posan sobre el terreno mediante apoyos de concreto con cimentación corrida. A su vez, las vigas estructurales permiten alcanzar grandes dimensiones, liberando el espacio útil de elementos estructurales y consiguiendo un techo a dos aguas con pendiente de 13%. Esta pendiente se prolonga hacia uno de sus lados mediante las vigas metálicas, hasta llegar al apoyo en concreto, y se aprovecha para generar una especie de gradería exterior con frente hacia un espacio común o patio de juegos de la escuela. Además, las piezas metálicas permiten alcanzar una altura máxima de 7 m en la cumbrera, en respuesta a las altas temperaturas propias de la Amazonía.

Asimismo, el módulo se compone de cerramientos laterales inferiores opacos,

the difference in level needed to raise the floor above the ground level, while the others join one or several modules of the different programs, for the configuration to adapt to the local topography and the school's needs.

These elements are not only used for circulation; apart from connecting the modules, they also create a space where users can spend time together, thanks to the layout of the platforms that extend the usable outdoor space. This produces configurations of varying complexity and size, making it possible to assemble an entire school with the program's diversity as required by each site.

ASSEMBLY/CONFIGURATION

The different types of modules and connectors offer a highly versatile way of developing different kinds of school layouts, in order to respond to the education needs, program requirements, and physical characteristics of the available site.

The configuration possibilities range from new education complexes, where various modules can be placed, to partial interventions within existing school buildings, either to compensate for a lack of infrastructure or to meet an increased demand for education.

In response to these parameters, six school configurations have been defined: linear, parallel, L-shaped, central, multi-courtyard, and radial. These basic options can be developed to meet the diverse needs identified; however, they can be further varied depending on the specific location of the modules. These six options are defined so that the modules work properly. The aim is to create play areas both inside and outside the classrooms, and to maintain an active central core, with indoor and outdoor communal and learning spaces, and to promote the assembly of a new, high-quality education infrastructure that seeks to transform and dignify the education experience for both students and teachers in the Amazon region.

dispuestos hasta una altura de área útil de 2.10 m. Los cerramientos frontales y posteriores tienen una celosía de madera que ofrece ventilación cruzada y mayor permeabilidad y control visual hacia el interior. Dicho entramado de celosía se proyecta hacia la parte superior en sus cuatro lados, a fin de generar el efecto Venturi, al liberar el aire caliente por la parte superior, mientras que el espacio inferior, donde se desarrollan las actividades, se mantiene ventilado.

El interior, donde se desarrollan las actividades principales, está aislado mediante dos espacios de transición, tanto en la parte frontal como en la posterior. En la parte frontal de los módulos, la transición se configura mediante un corredor de acceso y conexión, que también funciona como paso desde el interior hacia el exterior, regulando el confort térmico y resguardando el espacio útil. Los espacios de transición son también áreas de expansión, lugares de recreo y ocio para que lo disfruten los estudiantes y docentes cuando las condiciones climáticas impiden estar directamente en el exterior.

CONECTORES

Se diseñó un catálogo de 12 conectores que cumplen una función clave para la organización y articulación de los módulos, pues permiten una circulación elevada sobre el nivel del terreno y garantizan la continuidad del desplazamiento en caso de inundación. Algunos, como las rampas y escaleras, sirven para acceder a los módulos, debido al desnivel generado por la necesidad de aislarse del terreno, mientras que otros constituyen la unión entre uno o varios módulos de diferentes programas, de tal manera que la organización pueda configurarse de acuerdo con las condiciones físicas del terreno y el requerimiento de la escuela.

Estos elementos no son únicamente de tránsito, sino que además de conectar los módulos posibilitan también la estancia, el intercambio y la convivencia, gracias a la

disposición de plataformas que amplían el espacio utilizable exterior. De esta manera se pueden obtener configuraciones más o menos complejas, de diferentes tamaños, lo que posibilita el armado de una escuela completa, con la diversidad programática que requiera la localidad en la que se emplaza.

ENSAMBLE/CONFIGURACIÓN

Los diferentes tipos de módulos y conectores ofrecen una gran versatilidad para desarrollar diferentes formas de organización o configuraciones de escuelas, a fin de responder a las necesidades educativas, el requerimiento programático y las características físicas del terreno disponible.

Las posibilidades de configuración contemplan desde complejos educativos nuevos, en los que se pueden emplazar varios módulos, hasta intervenciones parciales dentro de colegios ya establecidos, ya sea para suplir un déficit de infraestructura o para satisfacer una mayor demanda de atención educativa.

Bajo estas condiciones se han definido seis tipos de configuración de escuelas: lineal, paralela, en forma de L, central, de patio múltiple y radial. Con estas opciones básicas se alcanzan a cubrir las distintas demandas identificadas; sin embargo, aún pueden variar de acuerdo con el lugar en el que los módulos se vayan a emplazar. Estas seis opciones se definen para que los módulos funcionen de manera correcta, con el objetivo de generar espacios lúdicos tanto dentro como fuera del aula, así como para mantener un núcleo central activo, con espacios de estancia y aprendizaje interiores y exteriores, y para propiciar el ensamblaje de una nueva infraestructura educativa de calidad, que apunta a generar un cambio y a dignificar la experiencia educativa de los estudiantes y docentes en la Amazonía.

ESCUELAS
SCHOOLS

Escuela 1

Escuela School
N° 00187
Región Region
San Martín
Provincia Province
Rioja
Distrito District
San Fernando
Dirección Address
Surquillo
Población máxima de alumnos
Maximum number of pupils
30
Superficie ocupada Surface area
986 m²
Costo referencial con transporte e instalación Reference cost with transportation and installation
S/. 2 292 877.00

Descripción Description
Aula, biblioteca, comedor con cocina y baños en ensamblaje radial con plataforma en esquina como centro. La localidad de Surquillo sufre de desbordes anuales del río Mayo y por lo tanto los módulos y conectores están elevados 0.90 m sobre el terreno natural.
Classroom, library, dining room with kitchen and bathrooms in radial assembly with corner platform as center. The town of Surquillo suffers from annual overflows of the Mayo River and therefore the modules and connectors are elevated 0.90 m above the natural terrain.

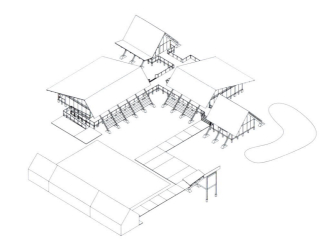

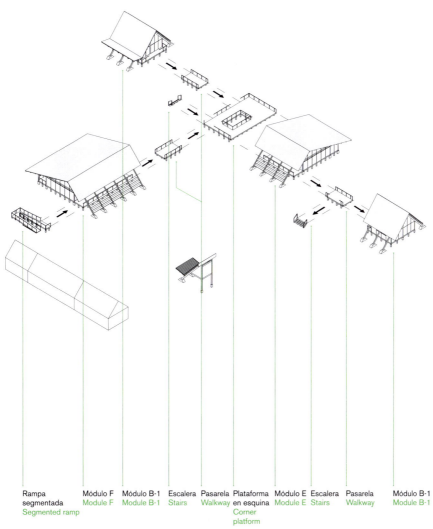

Rampa segmentada	Módulo F	Módulo B-1	Escalera	Pasarela	Plataforma en esquina	Módulo E	Escalera	Pasarela	Módulo B-1
Segmented ramp	Module F	Module B-1	Stairs	Walkway	Corner platform	Module E	Stairs	Walkway	Module B-1

Escuela 2

Escuela School
N° 00813
Región Region
San Martín
Provincia Province
Rioja
Distrito District
Rioja
Dirección Address
Jr. Atahualpa s/n
Población máxima de alumnos
Maximum number of pupils
60
Superficie ocupada Surface area
1 966 m²
Costo referencial con transporte e instalación Reference cost with transportation and installation
S/. 4 247 315.13

Descripción Description
Aulas, biblioteca, comedor con cocina, área docente, patio techado y baños en ensamblaje paralelo, se ha agrupado una barra de aulas articuladas por medio de conectores y otra de servicios complementarios que funcionan de la misma manera.
Classrooms, library, dining room with kitchen, teaching area, roofed patio and bathrooms in parallel assembly, a bar of classrooms has been grouped by means of connectors and other complementary services that work in the same way.

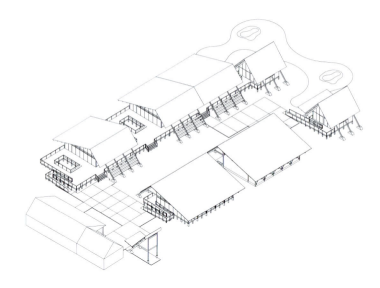

Escuela 2

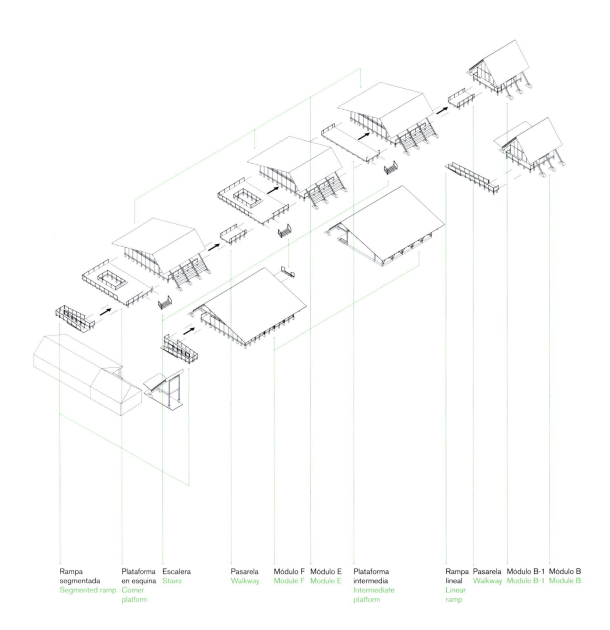

Rampa segmentada / Segmented ramp
Plataforma en esquina / Corner platform
Escalera / Stairs
Pasarela / Walkway
Módulo F / Module F
Módulo E / Module E
Plataforma intermedia / Intermediate platform
Rampa lineal / Linear ramp
Pasarela / Walkway
Módulo B-1 / Module B-1
Módulo B / Module B

Escuela 3

Escuela School
N° 64069 Villa Selva
Región Region
Ucayali
Provincia Province
Coronel Portillo
Distrito District
Yarinacocha
Dirección Address
Carretera C.F.B. KM 8 300 - Av. Separador Ecológico. MZ 24
Población máxima de alumnos Maximum number of pupils
240
Superficie ocupada Surface area
3 078 m²
Costo referencial con transporte e instalación Reference cost with transportation and installation
S/. 7 274 129.35

Descripción Description
Aulas, área docente, comedor con cocina, biblioteca y baños en ensamblaje en patio central manteniendo barras de aulas y servicios complementarios, articulados por medio de plataformas y pasarelas.
Classrooms, teaching area, dining room with kitchen, library and restrooms in a central courtyard assembly, maintaining classroom bars and complementary services, articulated by means of platforms and walkways.

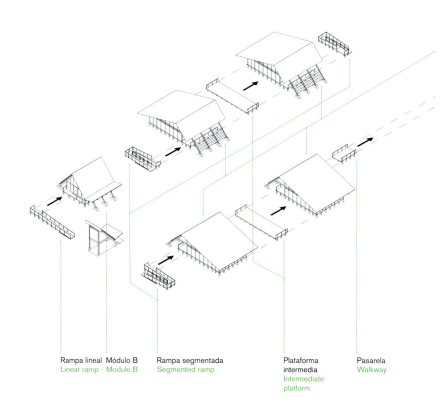

Rampa lineal Módulo B Rampa segmentada Plataforma intermedia Pasarela
Linear ramp Module B Segmented ramp Intermediate platform Walkway

Módulo E	Escalera	Plataforma intermedia	Pasarela	Rampa segmentada	Módulo F	Módulo B-1	Módulo B	Rampa lineal
Module E	Stairs	Intermediate platform	Walkway	Segmented ramp	Module F	Module B-1	Module B	Linear ramp

Escuela 3

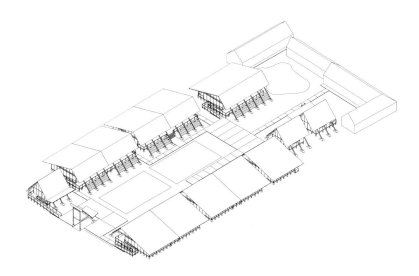

Escuela 4

Escuela School
N° 31424-1
Región Region
Junín
Provincia Province
Satipo
Distrito District
Pangoa
Dirección Address
Palmeras del Edén
Población máxima de alumnos
Maximum number of pupils
30
Superficie ocupada Surface
area
980 m²
Costo referencial con transporte
e instalación Reference
cost with transportation and
installation
S/. 1 902 534.95

Descripción Description
Aula, área docente, espacio temporal docente y baños en ensamblaje en forma en L articulados por medio de plataformas y pasarelas como conectores. Se mantiene el espacio temporal docente como un módulo exento debido a requerimientos programáticos.
Classroom, teaching area, temporary teaching space and bathrooms in L-shaped assembly articulated by platforms and walkways as connectors. The temporary teaching space is kept as an independent module due to programmatic requirements.

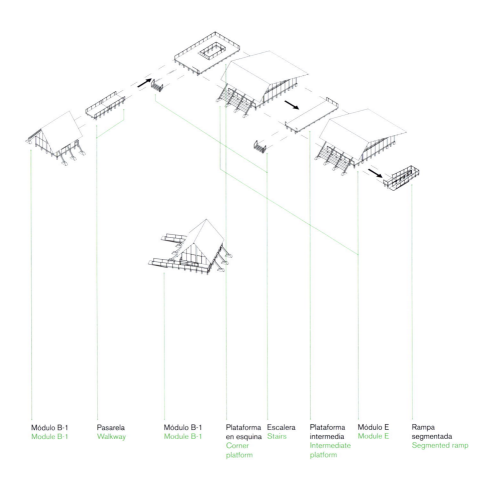

Módulo B-1
Module B-1

Pasarela
Walkway

Módulo B-1
Module B-1

Plataforma en esquina
Corner platform

Escalera
Stairs

Plataforma intermedia
Intermediate platform

Módulo E
Module E

Rampa segmentada
Segmented ramp

Escuela 4

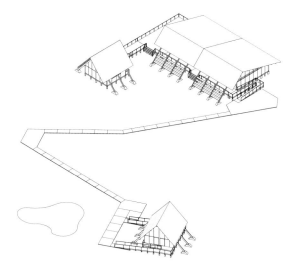

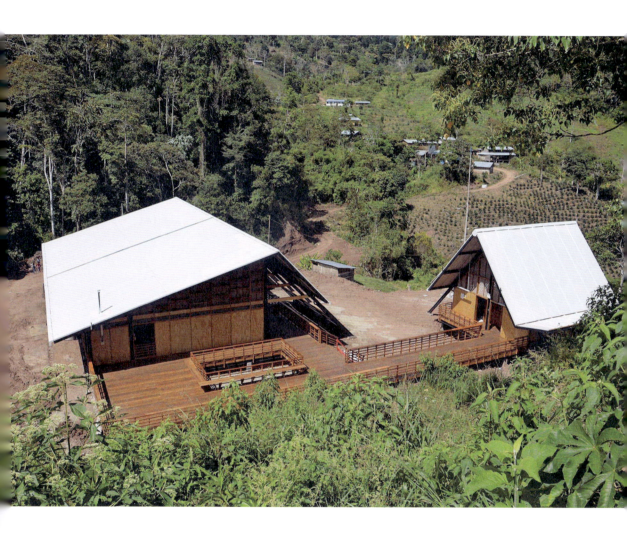

Escuela 5

144

Escuela School
Los Héroes de la Paz
Región Region
Junín
Provincia Province
Satipo
Distrito District
Pangoa
Dirección Address
Nueva Jerusalén
Población máxima de alumnos
Maximum number of pupils
150
Superficie ocupada Surface area
2 600 m²
Costo referencial con transporte e instalación Reference cost with transportation and installation
S/. 5 585 855.40

Descripción Description
Aulas, área docente, biblioteca, comedor con cocina, espacio temporal docente y baños en ensamblaje paralelo donde se disponen los módulos en dos barras articuladas por conectores tales como plataformas o pasarelas.
Classrooms, teaching room, library, dining room with kitchen, temporary teaching space and restrooms in parallel assembly where the modules are arranged in two bars articulated by connectors such as platforms or walkways.

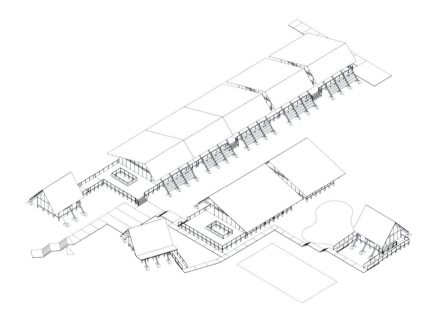

Escuela 5

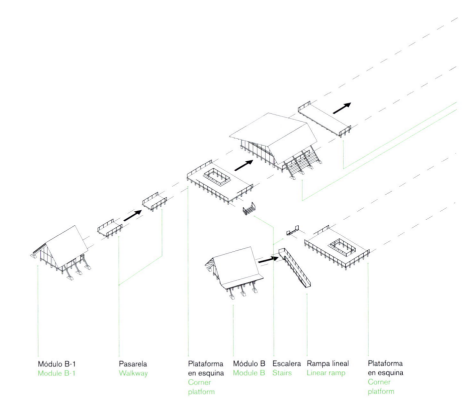

| Módulo B-1 | Pasarela | Plataforma en esquina | Módulo B | Escalera | Rampa lineal | Plataforma en esquina |
| Module B-1 | Walkway | Corner platform | Module B | Stairs | Linear ramp | Corner platform |

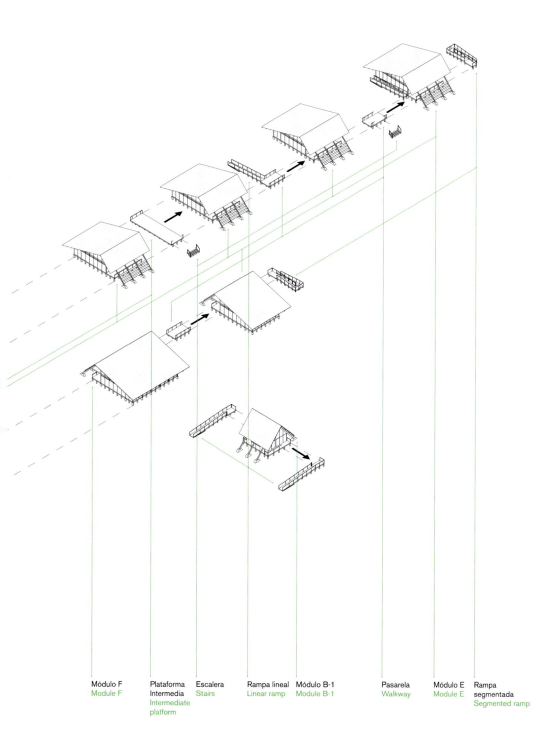

Módulo F / Module F | Plataforma Intermedia / Intermediate platform | Escalera / Stairs | Rampa lineal / Linear ramp | Módulo B-1 / Module B-1 | Pasarela / Walkway | Módulo E / Module E | Rampa segmentada / Segmented ramp

Escuela 6

Escuela School
Junín N° 60196
Amelia Souza Freitas
Región Region
Loreto
Provincia Province
Maynas
Distrito District
Punchana
Dirección Address
Barrio Florido
Población máxima de alumnos
Maximum number of pupils
258
Superficie ocupada Surface area
986 m²
Costo referencial con transporte e instalación Reference cost with transportation and installation
S/. 1 218 618.34

Descripción Description
Comedor con cocina y baños emplazados forma en L cada uno con sus respectivos conectores, y direccionados según la losa deportiva de la escuela.
Dining room with kitchen and bathrooms located in an L-shape, each one with its respective connectors, and oriented according to the school's sports slab.

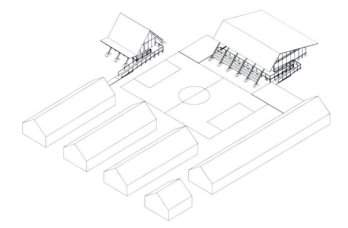

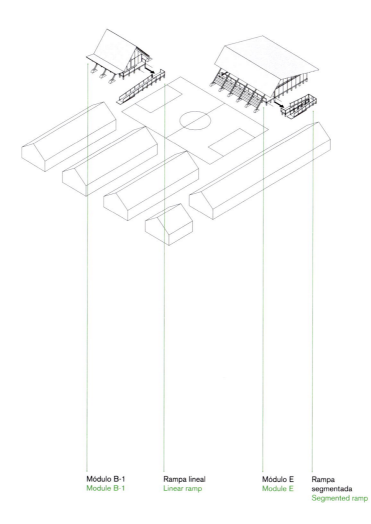

| Módulo B-1 | Rampa lineal | Módulo E | Rampa segmentada |
| Module B-1 | Linear ramp | Module E | Segmented ramp |

Escuela 7

Escuela School
N° 601453
12 de Abril
Región Region
Loreto
Provincia Province
Maynas
Distrito District
San Juan Bautista
Dirección Address
Carretera Iquitos-Nauta
Km. 56
Población máxima de alumnos
Maximum number of pupils
330
Superficie ocupada Surface area
3 113 m²
Costo referencial con transporte e instalación Reference cost with transportation and installation
S/. 6 511 151.00

Descripción Description
11 aulas, comedor con cocina, biblioteca, dos baños en ensamble complejo compuesto por dos ensambles en L y un ensamble lineal. Todos los módulos y conectores están elevados 0.90 m sobre el nivel del terreno natural.
11 classrooms, dining room with kitchen, library, two bathrooms in a complex assembly composed of two L-shaped assemblies and a linear assembly. All modules and connectors are elevated 0.90 m above the natural ground level.

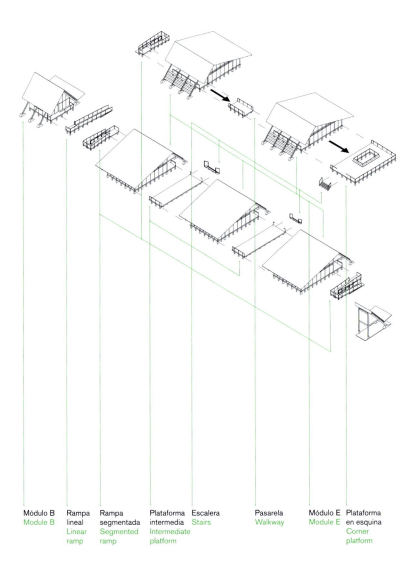

Módulo B / Module B
Rampa lineal / Linear ramp
Rampa segmentada / Segmented ramp
Plataforma intermedia / Intermediate platform
Escalera / Stairs
Pasarela / Walkway
Módulo E / Module E
Plataforma en esquina / Corner platform

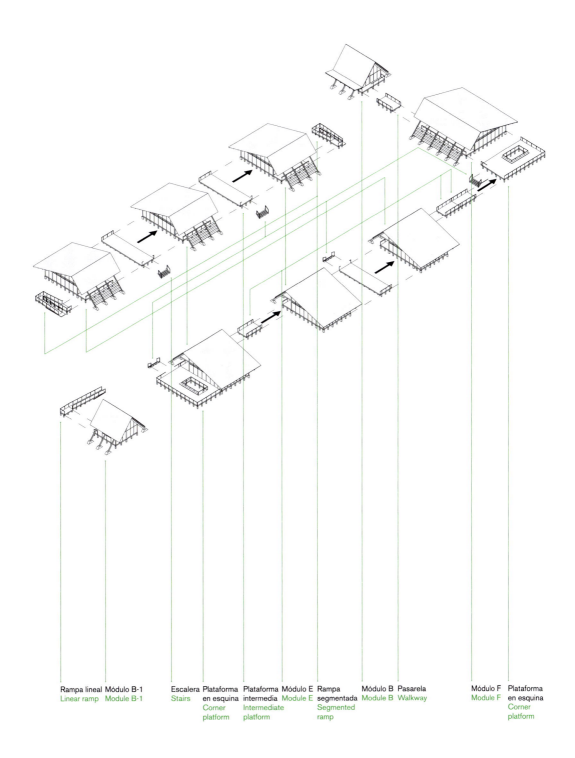

Escuela 7

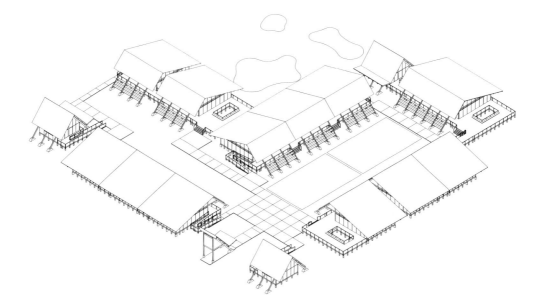

Escuela 8

Escuela School
N° 441
Región Region
Ucayali
Provincia Province
Coronel Portillo
Distrito District
Masisea
Dirección Address
Alto Masisea
Población máxima de alumnos
Maximum number of pupils
90
Superficie ocupada Surface area
1 500 m²
Costo referencial con transporte e instalación Reference cost with transportation and installation
S/. 3 449 205.62

Descripción Description
Aulas, área docente y sala de usos múltiples en ensamblaje paralelo donde se disponen los módulos en dos barras articuladas por conectores tales como plataformas o pasarelas.
Classrooms, teaching area and multipurpose room in parallel assembly where the modules are arranged in two bars articulated by connectors such as platforms or walkways.

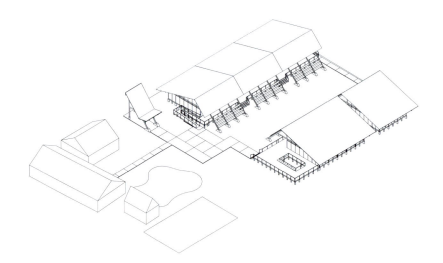

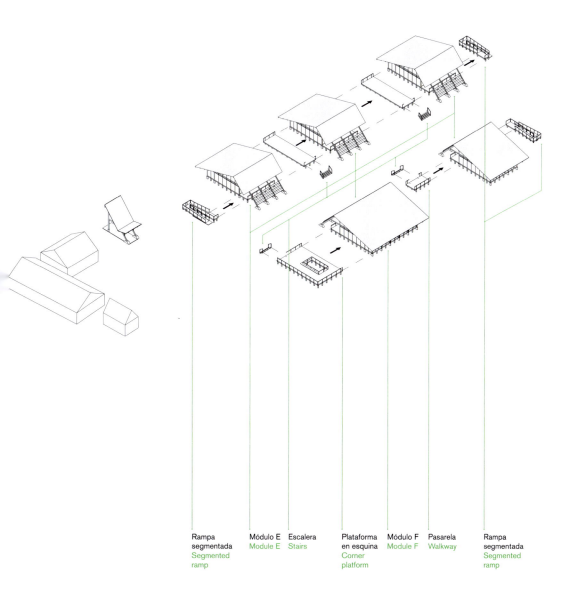

Escuela 9

Escuela School
N° 395
1ro de Agosto
Región Region
Madre de Dios
Provincia Province
Tambopata
Distrito District
Tambopata
Dirección Address
A.H. 1ro de Agosto
Población máxima de alumnos
Maximum number of pupils
30
Superficie ocupada Surface area
520 m²
Costo referencial con transporte e instalación Reference cost with transportation and installation
S/. 2 274 790.34

Descripción Description
Aula inicial y sala de usos múltiples emplazados de madera lineal articulados por medio de conectores tales como plataformas o pasarelas, manteniendo los 0.90 m sobre el nivel del terreno natural. Early learning classroom and multipurpose room made of linear wood connected by connectors such as platforms or walkways, maintaining a height of 0.90 meters above natural ground level.

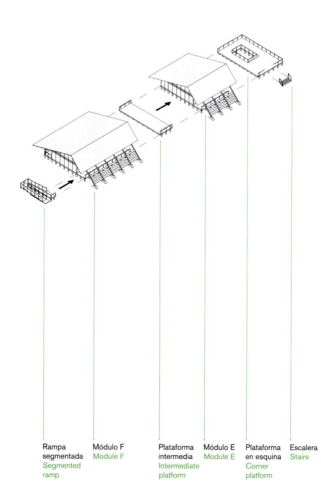

Rampa segmentada
Segmented ramp

Módulo F
Module F

Plataforma intermedia
Intermediate platform

Módulo E
Module E

Plataforma en esquina
Corner platform

Escalera
Stairs

Escuela 10

Escuela School
N° 52191 – Santo Domingo
Región Region
Madre de Dios
Provincia Province
Tambopata
Distrito District
Laberinto
Dirección Address
Carretera Maldonado-Cusco km. 49.5
Población máxima de alumnos Maximum number of pupils
270
Superficie ocupada Surface area
3 118 m²
Costo referencial con transporte e instalación Reference cost with transportation and installation
S/. 7 392 449.00

Descripción Description
Nueve aulas, comedor con cocina, dos baños, biblioteca, dos áreas para docentes en ensamblaje de patios múltiples. Las secciones primaria y secundaria están divididas por el módulo del comedor para generar dos patios de juegos. Todos los módulos y conectores están elevados 0.90 m sobre el terreno natural.
Nine classrooms, dining room with kitchen, two bathrooms, library, two areas for teachers in multiple playground assembly. The primary and secondary sections are divided by the dining room module to generate two playgrounds. All modules and connectors are elevated 0.90 m above the natural ground.

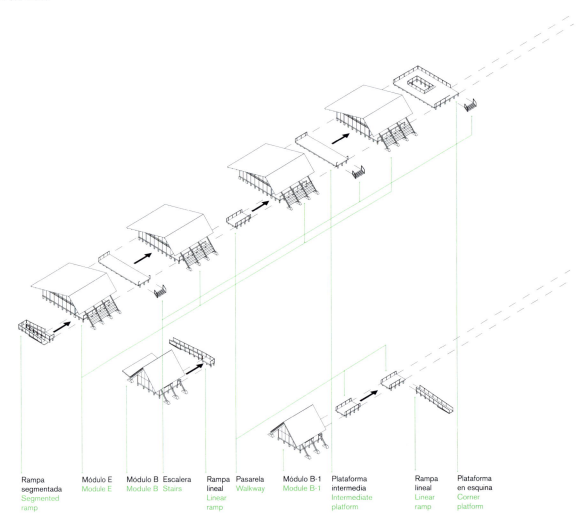

Rampa segmentada Segmented ramp | Módulo E Module E | Módulo B Module B | Escalera Stairs | Rampa lineal Linear ramp | Pasarela Walkway | Módulo B-1 Module B-1 | Plataforma intermedia Intermediate platform | Rampa lineal Linear ramp | Plataforma en esquina Corner platform

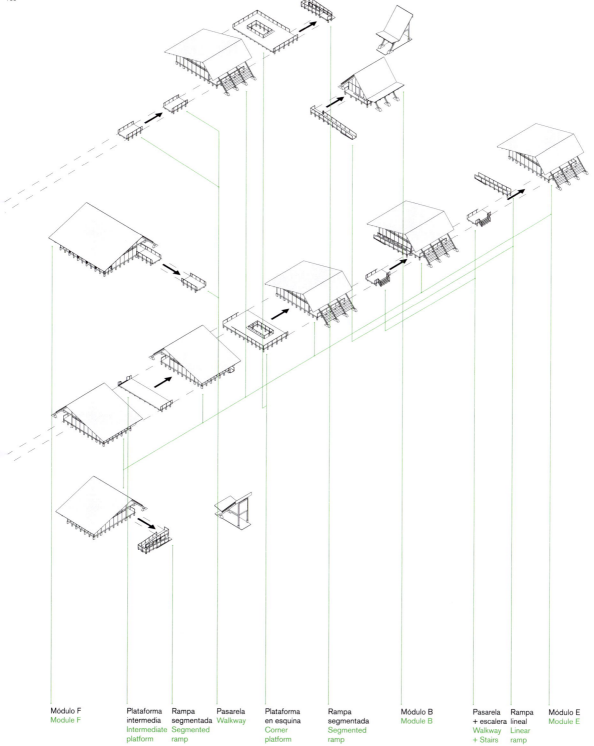

Módulo F / Module F | Plataforma intermedia / Intermediate platform | Rampa segmentada / Segmented ramp | Pasarela / Walkway | Plataforma en esquina / Corner platform | Rampa segmentada / Segmented ramp | Módulo B / Module B | Pasarela + escalera / Walkway + Stairs | Rampa lineal / Linear ramp | Módulo E / Module E

Escuela 10

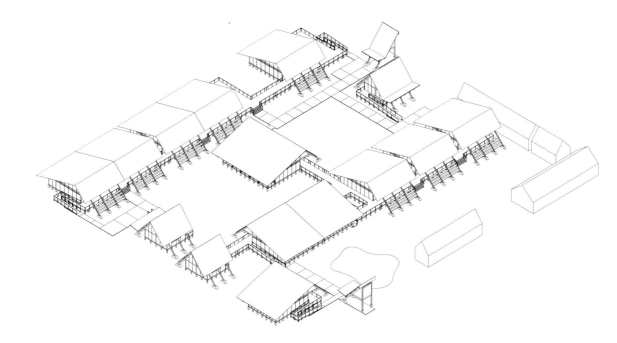

MÓDULOS Y CONECTORES
MODULES AND CONNECTORS

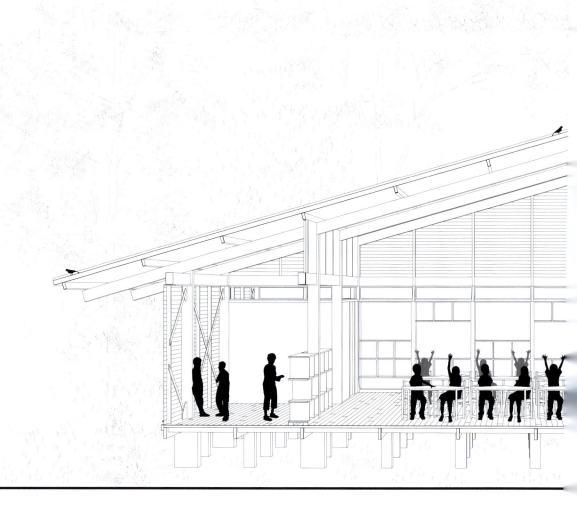

Módulo A
Module A

Usos posibles Possible uses
- Cocina Kitchen
- Tópico psicopedagógico
Pedagogical use
- Espacio temporal docente
Temporary teaching space

1
Plataforma / pasarela
Platform / walkway
2
Techo termoacústico
Thermoacoustic roof
3
Cumbrera
Ridge
4
Canaleta
Gutter
5
Celosía metal / madera
Metal / wood lattice
6
Apoyos de concreto
Concrete supports

Ancho Width
8.53 m
Largo Length
9.67 m
Altura de piso disponibles Floor heights available
+0.45 m / +0.90 m / +1.50 m
Superficie ocupada Surface area
81.16 m²
Área techada Roofed area
77.13 m²
Área útil Usable area
27.67 m²

Materiales Materials
Pisos Floors
- Decks en madera artificial WPC o natural Decks in artificial WPC or natural wood
- Piso de fibrocemento y cemento frotachado Fiber cement and polished concrete flooring
Cerramientos Enclosures
- Planchas y perfiles metálicos (muros y celosías) Metal sheets and profiles (walls and lattices)
Techo Roof
- Plancha termoacústica
Thermoacoustic plate
Estructura Structure
- Perfiles metálicos tubulares (columnas y vigas) Tubular metal profiles (columns and beams)

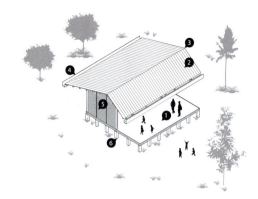

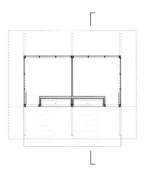

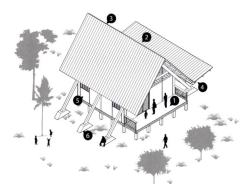

Módulo B
Module B

Usos posibles Possible uses
- Cocina Kitchen
- Tópico psicopedagógico
Pedagogical use
- Espacio temporal docente
Temporary teaching space

1
Plataforma / pasarela
Platform / walkway
2
Techo termoacústico
Thermoacoustic roof
3
Cumbrera
Ridge
4
Canaleta
Gutter
5
Celosía metal / madera
Metal / wood lattice
6
Apoyos de concreto
Concrete supports

Ancho Width
9.20 m
Largo Length
11.87 m
Altura de piso disponibles Floor heights available
+0.45 m / +0.90 m / +1.50 m
Superficie ocupada Surface area
91.64 m²
Área techada Roofed area
89.38 m²
Área útil Usable area
36.38 m²

Materiales Materials
Pisos Floors
- Decks en madera artificial WPC o natural Decks in artificial WPC or natural wood
- Piso de fibrocemento y cemento frotachado
Fiber cement and polished concrete flooring
Cerramientos Enclosures
- Planchas y perfiles metálicos (muros y celosías) Metal sheets and profiles (walls and trusses)
Techo Roof
- Plancha termoacústica
Thermoacoustic plate
Estructura Structure
- Perfiles metálicos tubulares (columnas y vigas)
Tubular metal profiles (columns and beams)

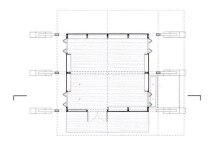

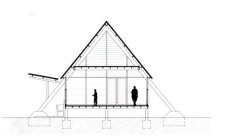

0 3 5 8

Módulo C
Module C

Usos posibles Possible uses
-Aula inicial Early learning
-Aula primaria Primary classroom
-Aula secundaria Secondary classroom
-Aula psicomotriz Psychomotor classroom
-Área docente Teaching area
-Biblioteca Library
-Patio techado Roofed patio
-Laboratorio múltiple Multiple-use laboratory
-Sala informática Computer room

1
Plataforma / pasarela
Platform / walkway
2
Techo termoacústico
Thermoacoustic roof
3
Cumbrera
Ridge
4
Canaleta
Gutter
5
Celosía metal / madera
Metal / wood lattice
6
Apoyos de concreto
Concrete supports
7
Muro metal / madera
Metal / wood wall

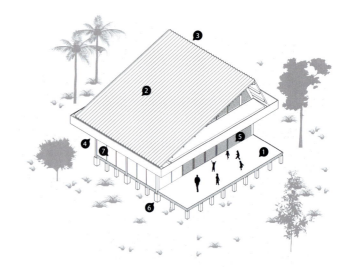

Ancho Width
10.74 m
Largo Length
13.52 m
Altura de piso disponibles Floor heights available
+0.45 m / +0.90 m / +1.50 m
Superficie ocupada Surface area
142.02 m²
Área techada Roofed area
126.14 m²
Área útil Usable area
71.57 m²

Materiales Materials
Pisos Floors
- Decks en madera artificial WPC o natural Decks in artificial WPC or natural wood
- Piso de fibrocemento y cemento frotachado Fiber cement and polished concrete flooring
Cerramientos Enclosures
- Planchas y perfiles metálicos (muros y celosías) Metal sheets and profiles (walls and trusses)
Techo Roof
- Plancha termoacústica
Thermoacoustic plate
Estructura Structure
- Perfiles metálicos tubulares (columnas y vigas) Tubular metal profiles (columns and beams)

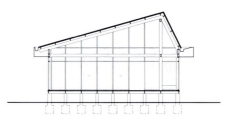

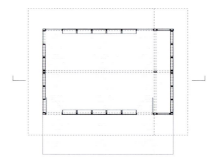

172

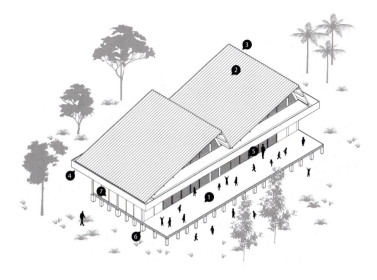

Módulo D
Module D

Usos posibles Possible uses
- Cocina Kitchen
- Tópico psicopedagógico
Pedagogical use
- Espacio temporal docente
Temporary teaching space

1
Plataforma / pasarela
Platform / walkway
2
Techo termoacústico
Thermoacoustic roof
3
Cumbrera
Ridge
4
Canaleta
Gutter
5
Celosía metal / madera
Metal / wood lattice
6
Apoyos de concreto
Concrete supports
7
Muro metal / madera
Metal / wood wall

Ancho Width
10.74 m
Largo Length
21.63 m
Altura de piso disponibles Floor heights available
+0.45 m / +0.90 m / +1.50 m
Superficie ocupada Surface area
228.68 m²
Área techada Roofed area
201.85 m²
Área útil Usable area
123.16 m²

Materiales Materials
Pisos Floors
- Decks en madera artificial WPC o natural Decks in artificial WPC or natural wood
- Piso de fibrocemento y cemento frotachado
Fiber cement and polished concrete flooring
Cerramientos Enclosures
- Planchas y perfiles metálicos (muros y celosías) Metal sheets and profiles (walls and trusses)
Techo Roof
- Plancha termoacústica
Thermoacoustic plate
Estructura Structure
- Perfiles metálicos tubulares (columnas y vigas)
Tubular metal profiles (columns and beams)

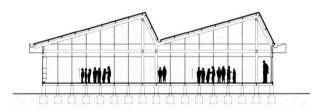

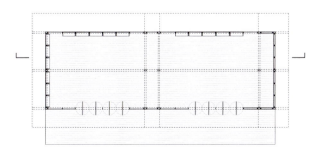

0 3   5   8

Módulo E
Module E

Usos posibles Possible uses
-Aula inicial Early learning
-Aula primaria Primary classroom
-Aula secundaria Secondary classroom
-Aula psicomotriz Psychomotor classroom
-Área docente Teaching area
-Biblioteca Library
-Patio techado Roofed patio
-Laboratorio múltiple Multiple-use laboratory
-Sala informática Computer room

1
Plataforma / pasarela
Platform / walkway
2
Techo termoacústico
Thermoacoustic roof
3
Cumbrera
Ridge
4
Canaleta
Gutter
5
Celosía metal / madera
Metal / wood lattice
6
Apoyos de concreto
Concrete supports
7
Muro metal / madera
Metal / wood wall
8
Gradería metal / madera
Metal / wood grandstand

Ancho Width
13.00 m
Largo Length
19.93 m
Altura de piso disponibles Floor heights available
+0.45 m / +0.90 m / +1.50 m
Superficie ocupada Surface area
246.11 m²
Área techada Roofed area
211.90 m²
Área útil Usable area
100.48 m²

Materiales Materials
Pisos Floors
- Decks en madera artificial WPC o natural Decks in artificial WPC or natural wood
- Piso de fibrocemento y cemento frotachado Fiber cement and polished concrete flooring
Cerramientos Enclosures
- Planchas y perfiles metálicos (muros y celosías) Metal sheets and profiles (walls and trusses)
Techo Roof
- Plancha termoacústica Thermoacoustic plate
Estructura Structure
- Perfiles metálicos tubulares (columnas y vigas) Tubular metal profiles (columns and beams)

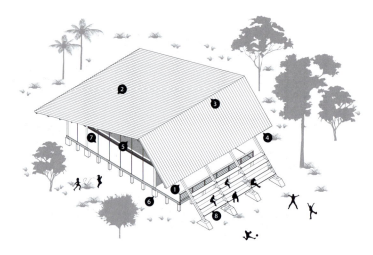

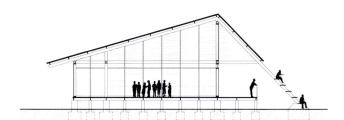

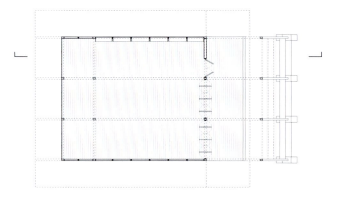

0 1   3   10

Módulo F
Module F

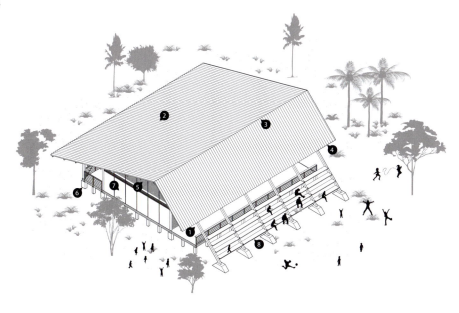

Usos posibles Possible uses
- Cocina Kitchen
- Tópico psicopedagógico Pedagogical use
- Espacio temporal docente Temporary teaching space

1
Plataforma / pasarela
Platform / walkway
2
Techo termoacústico
Thermoacoustic roof
3
Cumbrera
Ridge
4
Canaleta
Gutter
5
Celosía metal / madera
Metal / wood lattice
6
Apoyos de concreto
Concrete supports
7
Muro metal / madera
Metal / wood wall
8
Gradería metal / madera
Metal / wood grandstand

Ancho Width
19.00 m
Largo Length
19.93 m
Altura de piso disponibles Floor heights available
+0.45 m / +0.90 m / +1.50 m
Superficie ocupada Surface area
365.64 m²
Área techada Roofed area
309.70 m²
Área útil Usable area
166.57 m²

Materiales Materials
Pisos Floors
- Decks en madera artificial WPC o natural Decks in artificial WPC or natural wood
- Piso de fibrocemento y cemento frotachado Fiber cement and polished concrete flooring
Cerramientos Enclosures
- Planchas y perfiles metálicos (muros y celosías) Metal sheets and profiles (walls and trusses)
Techo Roof
- Plancha termoacústica Thermoacoustic plate
Estructura Structure
- Perfiles metálicos tubulares (columnas y vigas) Tubular metal profiles (columns and beams)

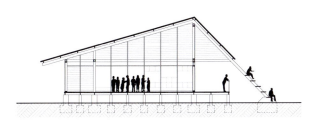

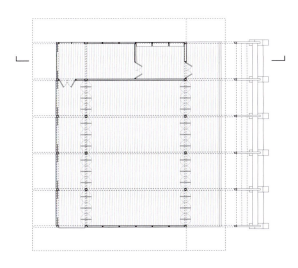

0 1   3   8

Rampa lineal 1
Linear ramp 1

Rampa lineal 1
Linear ramp 1
+ 0.45 m
Superficie ocupada
Surface area
14.57 m²
Ancho Width
1.54 m
Largo Length
9.80 m
Nivel al que llega
Finished floor level
+0.45 m

Rampa lineal 1
Linear ramp 1
+ 0.90 m
Superficie ocupada
Surface area
22.86 m²
Ancho Width
1.54 m
Largo Length
15.55 m
Nivel al que llega
Finished floor level
+0.90 m

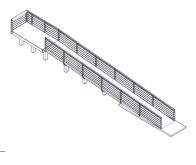

Rampa lineal 1
Linear ramp 1
+1.50 m
Superficie ocupada
Surface area
33.91 m²
Ancho Width
1.54 m
Largo Length
23.22 m
Nivel al que llega
Finished floor level
+1.50 m

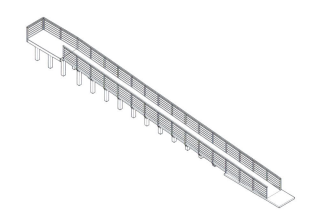

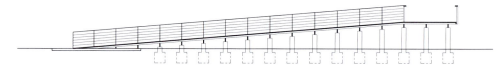

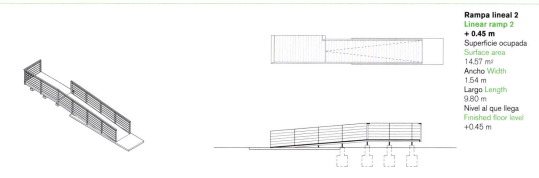

Rampa lineal 2
Linear ramp 2

Rampa lineal 2
Linear ramp 2
+ 0.45 m
Superficie ocupada
Surface area
14.57 m²
Ancho Width
1.54 m
Largo Length
9.80 m
Nivel al que llega
Finished floor level
+0.45 m

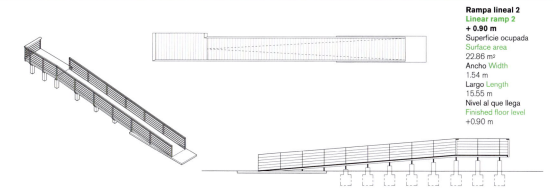

Rampa lineal 2
Linear ramp 2
+ 0.90 m
Superficie ocupada
Surface area
22.86 m²
Ancho Width
1.54 m
Largo Length
15.55 m
Nivel al que llega
Finished floor level
+0.90 m

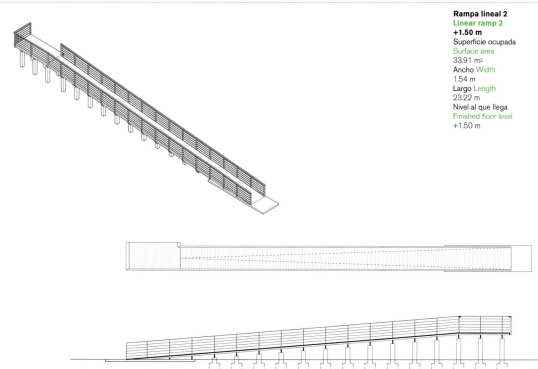

Rampa lineal 2
Linear ramp 2
+1.50 m
Superficie ocupada
Surface area
33.91 m²
Ancho Width
1.54 m
Largo Length
23.22 m
Nivel al que llega
Finished floor level
+1.50 m

Rampa segmentada 1
Segmented ramp 1

Nota: Rampa segmentada 1 y 2 tienen las mismas características, con excepción el sentido de circulación.

Note: Segmented ramp 1 and 2 have the same characteristics, except for the direction of circulation.

178

Rampa segmentada 1
Segmented ramp 1
+0.90 m
Superficie ocupada
Surface area
6.65 m²
Ancho Width
2.98 m
Largo Length
9.45 m
Nivel al que llega
Finished floor level
+0.45 m

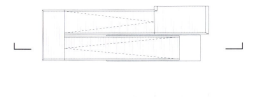

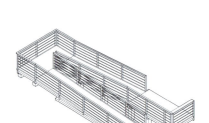

Rampa segmentada 1
Segmented ramp 1
+1.50 m
Superficie ocupada
Surface area
47.54 m²
Ancho Width
4.42 m
Largo Length
12.24 m
Nivel al que llega
Finished floor level
1.50 m

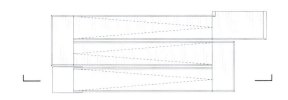

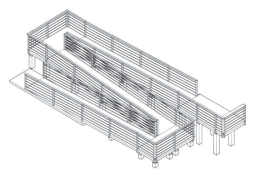

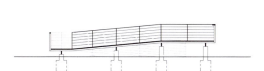

Rampa segmentada 2
Segmented ramp 2

Rampa segmentada 2
Segmented ramp 2
+0.90 m
Superficie ocupada
Surface area
26.65 m²
Ancho Width
2.98 m
Largo Length
9.45 m
Nivel al que llega
Finished floor level
+0.45 m

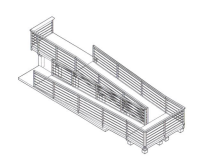

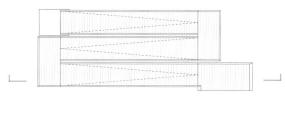

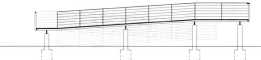

Rampa segmentada 2
Segmented ramp 2
+1.50 m
Superficie ocupada
Surface area
47.54 m²
Ancho Width
4.42 m
Largo Length
12.24 m
Nivel al que llega
Finished floor level
+1.50 m

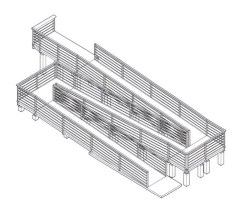

Escalera
Stairs

Escalera
Stairs
+0.45 m
Superficie ocupada
Surface area
5.44 m²
Ancho Width
3.10 m
Largo Length
1.70 m
Nivel al que llega
Finished floor level
+0.45 m

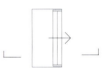

Escalera
Stairs
+0.90 m
Superficie ocupada
Surface area
7.84 m²
Ancho Width
3.10 m
Largo Length
2.45 m
Nivel al que llega
Finished floor level
+0.90 m

Escalera
Stairs
+1.50 m
Superficie ocupada
Surface area
11.04 m²
Ancho Width
3.10 m
Largo Length
2.45 m
Nivel al que llega
Finished floor level
+1.50 m

Pasarela
Walkway

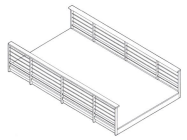

Pasarela
Walkway
+0.45 m
Superficie ocupada
Surface area
16.12 m²
Ancho Width
3.10 m
Largo Length
5.20 m
Nivel al que llega
Finished floor level
+0.45 m

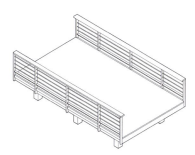

Pasarela
Walkway
+0.90 m
Superficie ocupada
Surface area
16.12 m²
Ancho Width
3.10 m
Largo Length
5.20 m
Nivel al que llega
Finished floor level
+0.90 m

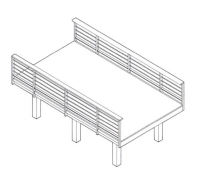

Pasarela
Walkway
+1.50 m
Superficie ocupada
Surface area
16.12 m²
Ancho Width
3.10 m
Largo Length
5.20 m
Nivel al que llega
Finished floor level
+1.50 m

Pasarela en L
L Walkway

182

Pasarela en L
L Walkway
+0.45 m
Superficie ocupada
Surface area
41.85 m²
Ancho Width
8.30 m
Largo Length
8.30 m
Nivel al que llega
Finished floor level
+0.45 m

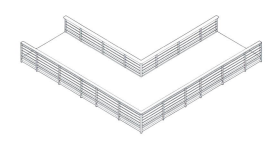

Pasarela en L
L Walkway
+0.90 m
Superficie ocupada
Surface area
41.85 m²
Ancho Width
8.30 m
Largo Length
8.30 m
Nivel al que llega
Finished floor level
+0.90 m

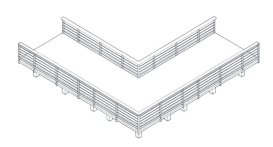

Pasarela en L
L Walkway
+1.50 m
Superficie ocupada
Surface area
41.85 m²
Ancho Width
8.30 m
Largo Length
8.30 m
Nivel al que llega
Finished floor level
+1.50 m

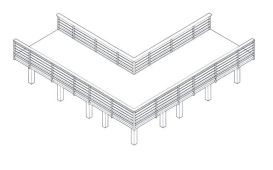

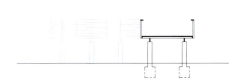

Pasarela en cruz
Cross-shaped walkway
+0.45 m
Superficie ocupada
Surface area
74.09 m²
Ancho Width
13.50 m
Largo Length
13.50 m
Nivel al que llega
Finished floor level
+0.45 m

Pasarela en cruz
Cross-shaped walkway
+0.90 m
Superficie ocupada
Surface area
74.09 m²
Ancho Width
13.50 m
Largo Length
13.50 m
Nivel al que llega
Finished floor level
+0.90 m

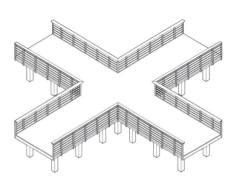

Pasarela en cruz
Cross-shaped walkway
+1.50 m
Superficie ocupada
Surface area
74.09 m²
Ancho Width
13.50 m
Largo Length
13.50 m
Nivel al que llega
Finished floor level
+1.50 m

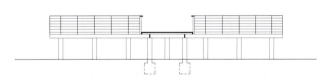

Plataforma intermedia A
Intermediate platform A

184

Plataforma intermedia A
Intermediate platform A
+0.45 m
Superficie ocupada
Surface area
72.04 m²
Ancho Width
5.20 m
Largo Length
13.75 m
Nivel al que llega
Finished floor level
+0.45 m

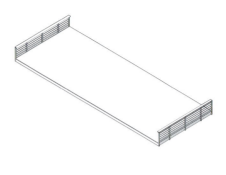

Plataforma intermedia A
Intermediate platform A
+0.90 m
Superficie ocupada
Surface area
72.04 m²
Ancho Width
5.20 m
Largo Length
13.75 m
Nivel al que llega
Finished floor level
+0.90 m

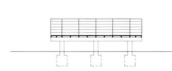

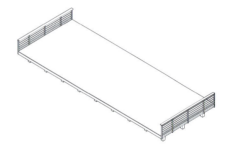

Plataforma intermedia A
Intermediate platform A
+1.50 m
Superficie ocupada
Surface area
72.04 m²
Ancho Width
5.20 m
Largo Length
13.75 m
Nivel al que llega
Finished floor level
+1.50 m

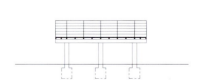

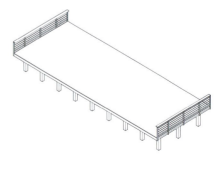

Plataforma intermedia B
Intermediate platform B
+0.45 m
Superficie ocupada
Surface area
122.10 m²
Ancho Width
9.50 m
Largo Length
13.75 m
Nivel al que llega
Finished floor level
+0.45 m

Plataforma intermedia B
Intermediate platform B
+0.90 m
Superficie ocupada
Surface area
122.10 m²
Ancho Width
9.50 m
Largo Length
13.75 m
Nivel al que llega
Finished floor level
+0.90 m

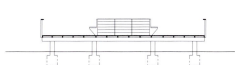

Plataforma intermedia B
Intermediate platform B
+1.50 m
Superficie ocupada
Surface area
122.10 m²
Ancho Width
9.50 m
Largo Length
13.75 m
Nivel al que llega
Finished floor level
+1.50 m

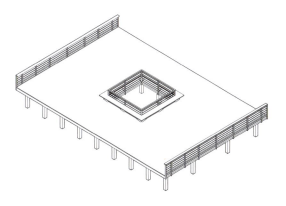
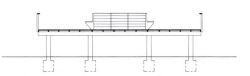

Plataforma en esquina A
Corner platform A

186

Plataforma en esquina A
Corner platform A
+0.45 m
Superficie ocupada
Surface area
114.60 m²
Ancho Width
9.50 m
Largo Length
13.75 m
Nivel al que llega
Finished floor level
+0.45 m

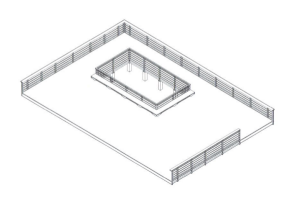

Plataforma en esquina A
Corner platform A
+0.90 m
Superficie ocupada
Surface area
114.60 m²
Ancho Width
9.50 m
Largo Length
13.75 m
Nivel al que llega
Finished floor level
+0.90 m

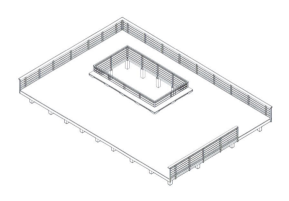

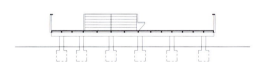

Plataforma en esquina A
Corner platform A
+1.50 m
Superficie ocupada
Surface area
114.60 m²
Ancho Width
9.50 m
Largo Length
13.75 m
Nivel al que llega
Finished floor level
+1.50 m

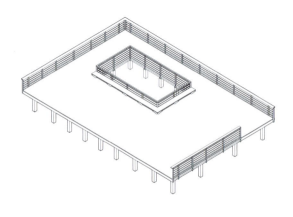

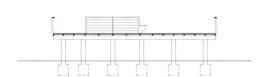

Plataforma en esquina B
Corner platform B

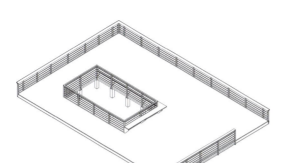

Plataforma en esquina B
Corner platform B
+0.45 m
Superficie ocupada
Surface area
114.60 m²
Ancho Width
9.50 m
Largo Length
13.75 m
Nivel al que llega
Finished floor level
+0.45 m

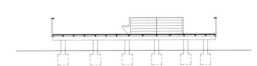

Plataforma en esquina B
Corner platform B
+0.90 m
Superficie ocupada
Surface area
114.60 m²
Ancho Width
9.50 m
Largo Length
13.75 m
Nivel al que llega
Finished floor level
+0.90 m

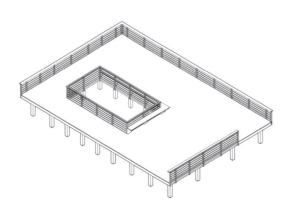

Plataforma en esquina B
Corner platform B
+1.50 m
Superficie ocupada
Surface area
114.60 m²
Ancho Width
9.50 m
Largo Length
13.75 m
Nivel al que llega
Finished floor level
+1.50 m

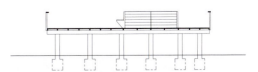

NUESTRO FRENTE AMAZÓNICO
OUR AMAZON FRONTLINE
JEAN PIERRE CROUSSE

Jean Pierre Crousse. Architect, researcher and teacher, with a master's degree in territory and landscape. He directs the master's program in Architecture and Design Processes at the Pontifical Catholic University of Peru (PUCP) and is a lecturer at the universities of Paris-Belleville, Harvard, Yale, and Virginia. Curator, with Sandra Barclay, of the Peruvian pavilion at the 15th International Architecture Exhibition of the Venice Biennale, for which they received a Special Mention from the Jury. Also with Sandra Barclay, in 1994 he founded the Barclay & Crousse studio in Paris, which opened offices in Lima in 2006. Their work has won numerous international awards and includes a wide range of transcontinental programs.

Jean Pierre Crousse. Es arquitecto, investigador y docente, máster en territorio y paisaje. Dirige la Maestría en Arquitectura y Procesos Proyectuales de la Pontificia Universidad Católica del Perú (PUCP) y es profesor en las universidades de París-Belleville, Harvard, Yale y Virginia. Ha sido curador, con Sandra Barclay, del Pabellón Peruano en la XV Muestra Internacional de Arquitectura de la Bienal de Venecia, por la que obtuvieron la Mención Especial del Jurado. También con Sandra Barclay, en 1994 fundó el estudio Barclay & Crousse en París, el cual se estableció en Lima en 2006. Su obra se ha hecho acreedora a numerosos premios internacionales e incluye una gran diversidad de programas de corte transcontinental.

To understand is not to discover the World
but to signify it,
to make sense of it,
to find meaning in it

Ana María Llamazares

"We must open several fronts in the conquest of the Amazon region," the architect Fernando Belaúnde Terry proclaimed in 1959 in his book *La conquista del Perú por los Peruanos (Peru's Own Conquest)*. Belaúnde, who became Peru's president four years later, seems to be referring to an empty and hidden region that actually represents 60% of the national territory. In the military language used by Belaúnde, the terms "front" and "conquest" reveal the frontier-like status of this region in the imaginary of Peru, a country that has always defined itself as an Andean nation. To this day, Peruvians themselves perceive the Peruvian Amazon region as a borderland, somewhere distant and marginal, an infinite source of natural resources to be exploited for the benefit of the rest of the country.

This perception dates back years. This uncharted region, never conquered by the Incas, began to be seen as economically important with the beginning of rubber extraction in the 19th century. The oil, gold, and timber industries further cemented this extractivist and predatory development model. At the other end of the spectrum, the most recent conservationist narrative seeks to preserve the area's rich ecology, often forgetting that local inhabitants have continuously shaped and transformed this land. Ultimately, it is these people who suffer most from these two antagonistic visions; they have been exploited or abandoned, forced into sedentary lifestyles and material and cultural poverty.

However, the Amazon region still holds unsuspected secrets. From a scientific perspective, its inhabitants remain the privileged

Conocer no es descubrir el Mundo,
sino significarlo,
poder atribuirle significado
y encontrarle un sentido

Ana María Llamazares

"Hay que abrir varios frentes en la conquista de la Amazonía", anunciaba en 1959 el arquitecto Fernando Belaúnde Terry, quien sería elegido presidente del Perú cuatro años más tarde. Esta afirmación, incluida en su texto *La Conquista del Perú por los peruanos*, parece referirse a una región vacante y recóndita, cuando en realidad se refiere a 60% del territorio nacional. En el lenguaje militar utilizado por Belaúnde, los términos "frente" y "conquista" revelan la condición de frontera que posee esta región en el imaginario del Perú, un país que se definió desde siempre como andino. Hasta el día de hoy, la Amazonía peruana es percibida por los mismos peruanos como un territorio de frontera, un lugar alejado, al margen, una suerte de depósito inagotable de recursos naturales a ser explotados en beneficio del resto del país.

Esta percepción tiene raíces profundas en el tiempo. Un territorio ignoto, que nunca fue conquistado por los incas, empieza a revelarse como económicamente importante a raíz de la extracción del caucho en el siglo XIX. Actividades posteriores, como la del petróleo, el oro y la madera, no hicieron sino confirmar este modelo extractivista y depredador. En el otro extremo del espectro, la narrativa conservacionista más reciente apunta a la preservación de su riqueza biológica, pero muy a menudo se olvida que estas tierras fueron y son modeladas y transformadas de manera constante por sus habitantes. A fin de cuentas, los mayores perjudicados de ambas visiones antagónicas han sido precisamente ellos, que han sido explotados o dejados en el abandono, empujados a una vida sedentaria y a una pobreza material y cultural.

point of contact between indigenous cultures, with their ancestral knowledge of the region's vast biological diversity, and scientists, who are exploring its properties and potential for medicine, industry, and nutrition at a global level. Indigenous communities are the custodians of a biological knowledge that puts them in a unique position to produce without cutting down forests. However, modern Western society is exploiting their knowledge for the rest of the planet without making any tangible improvements to the lives or lands of the local people. This is another type of extractive practice, only in this case it depends on the living knowledge of the communities in the area. The Amazon region is once again seen as a borderland, only this time it is a frontier between traditional wisdom and modern knowledge.

In 2014, Peru's Ministry of Education, under Jaime Saavedra at that time, undertook a large-scale education initiative in the Amazon region for the first time in the country's history. His plan was to change the status quo in the region by abandoning the traditional visions of "progress" and "conquest" in favor of an idea of "mutual exchange" of knowledge and cultures. This education project was called Plan Selva and consisted of four main areas of innovation in the management, teaching, knowledge, and infrastructure, which were to run along parallel tracks.

A year later, upon his appointment as curator of the 15th International Architecture Festival of the Venice Biennale in 2016, Alejandro Aravena's idea was to shed light on those success stories where architecture might have made the difference in improving the quality of the built environment and people's quality of life. Aravena's use of militaristic language to frame the issue ("Our Amazon Frontline"), was relevant to what was beginning to take place on our own domestic frontier. Sandra Barclay and I felt that the

Sin embargo, la Amazonía todavía mantiene insospechados secretos. Desde el ángulo científico, sus habitantes son aún hoy el punto de contacto privilegiado entre el conocimiento ancestral que las culturas aborígenes tienen sobre su ingente diversidad biológica y los científicos que investigan sus propiedades y potencialidades para la medicina, la industria y la alimentación del mundo. Las comunidades nativas son los guardianes de un conocimiento biológico que les permite ser los únicos capaces de producir sin talar los bosques, pero sus conocimientos son aprovechados por la sociedad occidental moderna en beneficio del resto del planeta, sin retorno tangible sobre sus condiciones de vida ni sobre su territorio. Una actividad extractiva más, por cierto, pero que en este caso depende del conocimiento vivo de las comunidades locales. La Amazonía se percibe nuevamente como frontera, esta vez cognitiva, entre la sabiduría ancestral y el conocimiento moderno.

En 2014, el Ministerio de Educación del Perú, liderado en ese momento por Jaime Saavedra, había emprendido, por primera vez en la historia nacional, un plan educativo a gran escala en la región amazónica. Se intentaba romper, desde el Estado, el *statu quo* de este territorio, para abandonar las visiones tradicionales de "progreso" y de "conquista" para redirigirse hacia una noción de "intercambio mutuo" de conocimientos y culturas. Este proyecto educativo fue denominado Plan Selva y contaba con cuatro grandes áreas de innovación en gestión, enseñanza, conocimientos e infraestructura, que correrían por caminos paralelos.

Un año más tarde, al ser designado curador general de la XV Muestra Internacional de Arquitectura de la Bienal de Venecia en 2016, Alejandro Aravena planteó poner a la luz aquellas historias exitosas en las que la arquitectura hubiese hecho la diferencia para mejorar la calidad del entorno construido y la

recently launched Plan Selva was a perfect fit for the curatorial mission statement, and that it was a story worth telling. The Venice Biennale, the world's most important venue to see the current state of architecture, is not only useful for scaling up local initiatives to a global level, but also so that they can be recognized locally and be communicated and appreciated by a general audience.

The Plan Selva, clearly transcendental in creating a new paradigm for this territory, was developed away from the attention of the media and public opinion. We were privileged to be made aware of this initiative because the vast majority of the team of 14 young architects in charge of developing the infrastructure had been my students at the graduation project at Peru's Pontifical Catholic University of Peru (PUCP). The eldest member and leader of the team was Elizabeth Añaños, who was just 30 years old.

What encouraged us to submit a proposal for the Peruvian Pavilion at the Venice Biennale—which in 2016 introduced the possibility of choosing curators through a competition—was that, for the first time in several decades, the Peruvian state gave architecture the role of transforming social reality and improving the quality of life on a large scale in the country's poorest region, and the quality of the architecture was up to the task.

We had to work on several fronts to offer a succinct but not oversimplified explanation of the Plan Selva's significance for Peru, and the Amazon region's importance for the world. We had to overcome various cultural barriers and break down external imaginaries, for Peruvians and foreign visitors alike. All of this had to fit into a pavilion of about 300 square meters, in the former rope factory, a listed building in Venice's Arsenal complex. The theme could not only be explained as an architectural project or limited to visual resources, nor could it be expanded upon with long explanatory texts if we wanted

calidad de vida de los habitantes. El lenguaje militar que Aravena usó para enmarcar el tema, "Reportando desde el frente", calzaba de manera sorprendente con lo que empezaba a ocurrir en nuestra frontera interna. Sandra Barclay y yo pensamos que el entonces recién lanzado Plan Selva se ajustaba de manera óptima al llamado curatorial, y que era una historia digna de contarse. La Bienal de Venecia, el evento más importante del mundo para apreciar el estado actual de la arquitectura, no sólo es útil para escalar algo local al ámbito internacional, sino también para que a su vez sea reconocido en la esfera local, y sea difundido y conocido por la sociedad en general.

El Plan Selva, ciertamente trascendental en la generación de un nuevo paradigma para este territorio, se desarrollaba alejado de los fanales de la prensa y de la opinión pública. Nosotros tuvimos el privilegio de conocer el Plan Selva porque el equipo de 14 jóvenes arquitectos encargado de desarrollar el área de infraestructura estaba compuesto en su grandísima mayoría por alumnos míos en el Proyecto de Fin de Carrera de la Pontificia Universidad Católica del Perú. La mayor de todos, y quien lideraba el equipo, era Elizabeth Añaños, de apenas 30 años de edad.

Lo que nos decidió a someter una propuesta para el Pabellón Peruano en la Bienal de Venecia, que en 2016 abriría por primera vez la posibilidad de elegir al o los curadores mediante concurso, fue que el Estado peruano, por primera vez en varias décadas, le confería a la arquitectura la función de transformar la realidad social y de mejorar, a gran escala, la calidad de vida de la región más pobre del país, y la calidad arquitectónica estaba a la altura del reto.

Se abrían varios frentes delante de nosotros en el empeño de explicar, de manera sucinta pero sin simplificaciones, lo que significa el Plan Selva para el Perú, y

our intention to be understood and the theme to be thought-provoking for visitors to an event known for its overload of information. The proposal addressed all these variables and was selected to represent Peru. But our work as curators was just beginning.

For the research, we received invaluable support from the Ministry of the Environment and the Ministry of Education—in particular from the then Minister of Education, Jaime Saavedra, and the director of the Plan Selva, Ernesto Gálmez. Their close collaboration with Elizabeth Añaños's team made it possible to define and prepare the documents that would be used in the exhibition. The Plan Selva could not be understood without the active involvement of the local population; without a system that allows construction in remote and scattered locations; without adaption to different microclimates and existing microgeographies; without mechanisms that help organize the simultaneous construction of a large number of schools; without training teachers in multicultural issues; without recording and systematizing the 16 families of indigenous languages; without a study plan that incorporates the specific Amazonian context. Without all these things, the schools would remain empty shells.

To this complexity we can add the difficulty of understanding the context that led to the Plan in the first place: the physical and mental frontier that is the Amazon region. If we fail to do this, the Plan Selva could be understood as just another education program to add to the list of many others created around the world since the start of the 20th century, rather than a paradigm shift, which was the main motivation for us. Therefore, we had to debunk the idea of Peru as an Andean country; then we had to get rid of the extractivist, conservationist, tourist-driven, and nostalgic narratives about this territory; we had to have a clear-eyed

lo que significa la Amazonía para el mundo. Había que superar varias barreras culturales y quebrar imaginarios externos, tanto para los asistentes peruanos como para los visitantes extranjeros. Todo esto dentro de un pabellón de aproximadamente 300 m², dentro de un edificio patrimonial de las corderías del Arsenal de Venecia. El tema no podía ser explicado únicamente como un proyecto de arquitectura ni podía limitarse a recursos visuales, tampoco era posible explayarse con extensos textos explicativos si queríamos que nuestra intención fuese entendida y que el tema atrajese la atención intelectual de los visitantes en un evento en el que la sobreabundancia de información es inconmensurable. La propuesta abordó todas estas variables y fue elegida para representar al Perú. Pero nuestro trabajo como curadores apenas empezaba.

La investigación se realizó con la invaluable ayuda del Ministerio del Medio Ambiente y el Ministerio de Educación, en especial mediante Jaime Saavedra, entonces ministro, y Ernesto Gálmez, entonces jefe del Plan Selva. Su estrecha colaboración con el equipo de Elizabeth Añaños permitió definir y elaborar los documentos que se utilizarían en la muestra. El Plan Selva no se entendería sin la participación activa de los pobladores; sin un sistema que permitiera construir en lugares remotos y dispersos; sin adaptarse a los distintos microclimas y microgeografías existentes; sin instrumentos de gestión para organizar la construcción simultánea de un gran número de escuelas; sin la capacitación de profesores en la multiculturalidad; sin el registro y sistematización de las 16 familias lingüísticas originarias; sin un plan de estudios que incorporara la especificidad amazónica. Sin todo esto, estas escuelas no serían más que cascarones vacíos de sentido.

A esta complejidad debíamos añadir la de hacer entender el contexto que origina el plan: esta frontera física y mental que es la

view of the Amazon region before we could reincarnate it in the project that we were exhibiting. To make this a reality, we would need four types of record.

The first was photographic. For the "Amazogramas" project, Roberto Huarcaya entered the Bahuaja Sonene reserve at night, armed with a 90-meter roll of photographic paper. He stretched it out in the foliage, and waited for a lightning storm to cast the shadows of insects and plants onto the paper. The images were exposed in situ, before dawn, using river water that stained the photograms with colors contained in the water's mineral content (both the chemicals and the water used were placed in containers and processed later). The results were extraordinary, as they also revealed the "imperfections" produced by the remoteness and impenetrability of the site.

The second record was also photographic and focused on the characters who inhabit this territory. Photographer Musuk Nolte lived with the remote Asháninka and Shawi communities and peoples in order to take portraits of people that would open his soul. We exhibited several intense portraits of the custodians of traditional knowledge immortalized in Nolte's lens.

For the third record, ancestral wisdom—defined by the shamanic *ícaro* prayers of healing ceremonies—is transmitted orally. These undecipherable chants would envelop the exhibition space.

The fourth consisted of a series of school desks and benches from modern-day schools in the Amazon, transported in a multimodal odyssey from a piece of land accessible only by boat all the way to Venice's Arsenal, which also can only be reached by water. The precarious state of the furniture directly revealed the state of neglect of schools in the Amazon, the marks and engravings on the surfaces expressing the failure of the Western vision of this land. A video illustrated

Amazonía. Sin ello, el Plan Selva podría ser entendido como un programa educativo más de los muchos que ha habido desde los albores del siglo XX en el mundo, y no como un cambio de paradigma, que era lo más relevante para nosotros. Para ello, teníamos que romper primero con la idea del Perú como un país andino; luego había que quebrar las narrativas extractivas, conservacionistas, turísticas y nostálgicas sobre este territorio; había que hacer una radiografía descarnada de la Amazonía para luego reencarnarla en el proyecto que estábamos exhibiendo. Cuatro registros contribuirían a hacerlo realidad.

El primero de ellos era fotográfico. Se denominó "Amazogramas" y fue realizado por Roberto Huarcaya, quien se introdujo de noche en la reserva de Bahuaja Sonene con un rollo de papel fotosensible de 90 m de largo y lo desplegó entre el follaje, en espera de una tormenta eléctrica para fijar sobre el papel la sombra proyectada de insectos y plantas. El proceso de revelado se realizó *in situ*, antes del amanecer, utilizando agua del río, que tiñó los fotogramas con una coloración cargada de los minerales propios de esta agua —tanto los químicos como el agua utilizada fueron aislados en recipientes y procesados en un momento posterior—. El resultado fue sorprendente, pues revelaba también las "imperfecciones" producidas por la condición remota e impenetrable del lugar.

El segundo registro, también fotográfico, se centró en los personajes que pueblan este territorio. El fotógrafo Musuk Nolte convivió con comunidades y poblaciones remotas de los asháninkas y los shawis, para luego poder retratar a gente que le abriría su alma. Presentamos varios de los intensos retratos de los guardianes del conocimiento ancestral que Nolte había inmortalizado.

El tercer registro fue oral, con el cual se transmite el conocimiento ancestral, definido por ícaros chamánicos de las

this same precariousness, a testimony to the harsh conditions in which teachers and students interact.

Finally, the Plan Selva project was displayed in a larger space, divided into eight themes, ranging from the participatory to the constructive, using graphic materials and models created by the authors themselves for the exhibition. The themes were organized concentrically. The design of the focal point was a playful use of scaled project modules so that visitors could assemble their own schools and thus understand the combinatory flexibility of the actual system, made of replicable and adaptable modular components. The final exhibit in the pavilion was a text reading: "Peru is currently committed to preserving the Amazon rainforest through education, empowering the Amazonian people to become guardians of their own territory. In this great effort, architecture provides the framework in which this large-scale cultural shift can take place."

The entire installation was designed to be suspended from the existing roof structure. Both the 90-meter photographic strip that divided the spaces, as well as the school furniture and the tables used for the project's panels and models, were suspended on ropes, giving the exhibition the fragility that we wanted to communicate: visitors became protagonists and responsible for maintaining this fragile equilibrium, similar to our Amazon rainforest.

The Peruvian national pavilion received a special mention at the Biennale, after the Golden Lion awarded to the Spanish pavilion. Thanks to this award, after the Biennale, the exhibition traveled to Madrid, Santiago de Chile, and Lima, where the Peruvian public was able to learn for the first time about the project that marked the return of public architecture as an agent of change in Peru.

ceremonias de sanación. La muestra estaría envuelta por estos cánticos indescifrables.

El cuarto estuvo constituido por una serie de mesas y bancas escolares de las escuelas amazónicas actuales, que realizaron un periplo multimodal para ir de un territorio accesible sólo por embarcación hasta el Arsenal de Venecia, igualmente servido sólo por embarcaciones. Por su precario estado, los muebles revelaban en sí mismos el estado de abandono de las escuelas de la Amazonía y con las trazas e inscripciones labradas en sus superficies expresaban el fracaso de la visión occidental sobre este territorio. Un video ilustraba esta precariedad, testimonio de las duras condiciones en las que interactúan profesores y alumnos.

Finalmente, el proyecto del Plan Selva se exponía en un espacio mayor, dividido en ocho temas, desde el participativo hasta el constructivo, por medio de gráficas y maquetas que los propios autores elaboraron para la exposición. La disposición de los temas fue organizada de manera concéntrica, con un centro focal en el cual se diseñó un juego de módulos del proyecto a escala para que los visitantes compusieran sus propias escuelas y pudiesen entender así la flexibilidad combinatoria del sistema real, hecho a partir componentes modulares replicables y adaptables. Un texto concluía el recorrido del pabellón: "Perú está ahora abocado a la preservación del bosque amazónico a través de la educación, empoderando a los pueblos amazónicos para que sean guardianes de su propio territorio. En este gran esfuerzo, la arquitectura provee el marco para que se pueda dar este cambio cultural mayor".

El montaje fue pensado enteramente para ser colgado de la estructura existente del techo. Tanto la cinta fotográfica de 90 m de largo, que dividía los espacios, como el mobiliario de las escuelas y las mesas en las que se exponían los paneles y maquetas del proyecto estaban suspendidos por sogas, lo

que confería a la exposición la fragilidad que queríamos transmitir: el visitante se convertía en protagonista y responsable de mantener este frágil equilibrio, tal como sucede con nuestro bosque amazónico.

El pabellón peruano fue reconocido con una mención especial del jurado de la Bienal, detrás del León de Oro que se otorgó al pabellón español. Este reconocimiento tuvo como consecuencia la itinerancia de la muestra después de la bienal, que la llevó a Madrid, Santiago de Chile y Lima, donde por primera vez el público peruano podría conocer de cerca el proyecto que marcaría el regreso de la arquitectura pública como agente de cambio en el Perú.

AGRADECIMIENTOS
ACKNOWLEDGMENTS
ELIZABETH AÑAÑOS

This book's main purpose was to systematize and document the memory of an experience which has led on to other projects and shaped the careers of professionals who remain committed to improving the country through public architecture projects.

This initiative would not have been possible without the collaboration of the team of economists, lawyers, communication specialists, anthropologists, technicians, and administrative staff of the Ministry of Education. Between 2015 and 2019, they not only gave insights into public-sector management but also enriched our understanding of architecture, as well as the challenges of public-sector projects and their social impact.

We would like to give special thanks to both the Pontifical Catholic University of Peru's Faculty of Architecture and Urbanism and the Architecture Department, as well as to all our professors in the past who are now close friends, for teaching us to understand the Peruvian territory in all its diversity, without ignoring its inherent conflicts.

We are also grateful to all those who helped bring this book to publication, to the generous donation made by Patronato Pikimachay and "Ayacucho, donde nace el Perú" to whom we will provide the necessary technical assistance to implement potential projects in the Ayacucho Region in Peru, and to all the collaborators, such as Marhnos the construction company, who made this project possible. Their support has made it possible for such initiatives to build a better future for our territories and become a valuable resource for those wanting to learn from this experience as a platform for new projects.

El objetivo primordial del libro fue sistematizar y documentar la memoria de una experiencia que ha generado otros proyectos y ha moldeado diversos perfiles profesionales que continúan comprometidos con la mejora del país mediante la práctica de la arquitectura desde la gestión pública.

Este proyecto no habría sido posible sin la colaboración del equipo del Ministerio de Educación, compuesto por economistas, abogados, comunicadores, antropólogos, logísticos y personal administrativo. Durante el periodo comprendido entre 2015 y 2019, no sólo nos proporcionaron conocimientos sobre la gestión pública, sino que enriquecieron también nuestra perspectiva sobre la arquitectura, los retos con los que opera la gestión pública y su impacto social.

Extendemos nuestro agradecimiento especial a la Facultad de Arquitectura y Urbanismo y al Departamento de Arquitectura de la Pontificia Universidad Católica del Perú, así como a aquellos que fueron nuestros profesores en el pasado y ahora son amigos cercanos, por habernos enseñado a entender el territorio peruano a partir de su diversidad y los conflictos inherentes a ello.

Además, expresamos nuestra gratitud hacia quienes contribuyeron a la publicación de este libro, a la generosa donación del Patronato Pikimachay y "Ayacucho, donde nace el Perú", a quienes daremos la asistencia técnica necesaria para implementar posibles proyectos en la Región Ayacucho en el Perú. Así como a otras colaboraciones, como el de la constructora Marhnos, que han permitido la consolidación de este proyecto. Su apoyo ha posibilitado que este tipo de iniciativas puedan ser aprovechadas en la construcción de un mejor futuro para nuestros territorios y se constituyan como un valioso recurso para quienes desean aprovechar la experiencia acumulada como plataforma para la generación de nuevos proyectos.

CRÉDITOS ICONOGRÁFICOS
ICONOGRAPHIC CREDITS

Archivo de Plan Selva: pp. 6, 19, 48, 49 (abajo), 58, 59, 62 (abajo), 63 (abajo), 67, 68, 82, 83, 91 (abajo), 93 (arriba), 94, 95, 104, 106 (abajo), 107 (centro-izquierda, abajo-derecha), 117-119, 127, 128, 130, 133, 135, 139, 141, 145, 150, 151, 155, 156, 157, 160, 165, 166, 167, 188, 189, 203, 204.

Archivo Fotográfico Fernando Belaunde Terry: p. 72.

Cortesía de Leonmarcial Arquitectos: pp. 13, 16.

Cortesía de Roberto Huarcaya: pp. 200-201.

Edith Avellaneda: p. 143.

Equipo de Plan Selva: pp. 130-132, 134, 136, 137, 138, 140, 142, 144, 146-149, 152-154, 158-164, 168, 169.

Jean Pierre Crousse: p. 14.

Mauro Romanzi. Cortesía de Barclay & Crousse: pp. 197-199.

Miguel Cornejo: pp. 109, 111.

Presidencia de la República del Perú, 2019: pp. 23, 30.

Sofía Álvarez: pp. 7 (arriba), 9 (abajo), 60, 61, 103, 105, 106 (arriba), 107 (abajo-izquierda), 109 (abajo), 110.

Stephanie Delgado: pp. 34, 49 (arriba), 57, 59 (abajo), 62 (arriba).

Verónica Lanza: pp. 7 (abajo), 63 (arriba), 91 (arriba), 92, 93 (abajo), 106 (centro), 107 (arriba).

Plan Selva Archive: pp. 6, 19, 48, 49 (bottom), 58, 59, 62 (bottom), 63 (bottom), 67, 68, 82, 83, 91 (bottom), 93 (top), 94, 95, 104, 106 (bottom), 107 (center-left, bottom-right), 117-119, 127, 128, 130, 133, 135, 139, 141, 145, 150, 151, 155, 156, 157, 160, 165, 166, 167, 188, 189, 203, 204.

Fernando Belaunde Terry Photographic Archive: p. 72.

Courtesy of Leonmarcial Arquitectos: pp. 13, 16.

Courtesy of Roberto Huarcaya: pp. 200-201.

Edith Avellaneda: p. 143.

Plan Selva Team: pp. 130-132, 134, 136, 137, 138, 140, 142, 144, 146-149, 152-154, 158-164, 168, 169.

Jean Pierre Crousse: p. 14.

Mauro Romanzi. Courtesy of de Barclay & Crousse: pp. 197-199.

Miguel Cornejo: pp. 109, 111.

Presidency of the Republic of Peru, 2019: pp. 23, 30.

Sofía Álvarez: pp. 7 (top), 9 (bottom), 60, 61, 103, 105, 106 (top), 107 (bottom-left), 109 (bottom), 110.

Stephanie Delgado: pp. 34, 49 (top), 57, 59 (bottom), 62 (top).

Verónica Lanza: pp. 7 (bottom), 8, 9 (top), 35, 63 (top), 90, 91 (top), 92, 93 (bottom), 106 (center), 107 (top).

Plan Selva
Primera edición First edition 2024

© Arquine, S.A. de C.V.
Ámsterdam 163 A, Hipódromo
Ciudad de México, 06100
ISBN: 978-607-8880-28-7

Textos Texts
© Atxu Amann y Alcocer,
Elizabeth Añaños, Miguel Chávez
Cornejo, Sebastián Cillóniz, Paulo
Dam, Jean Pierre Crousse, Gino
Fernández, Daisuke Izumi, Camilo
Restrepo, Luis Rodríguez Rivero,
Jaime Saavedra, Karel Van Oordt,
José Luis Villanueva

Fotografías Photography
De los autores indicados en
los créditos iconográficos
Authors listed on the iconographic
credits

Dirección Director
Miquel Adrià

Dirección editorial Editorial director
Brenda Soto Suárez

Coordinación editorial
Editorial manager
Ana Luz Valencia

Corrección de estilo
Copy editing
Beatriz Stellino

Traducción al inglés
English translation
Quentin Pope

Diseño Design
Sofía Broid

Preprensa Prepress
A. Andrés Monroy

Ninguna parte de esta publicación puede ser reproducida, archivada o transmitida en forma alguna o mediante un sistema, ya sea electrónico, mecánico, de reproducción fotográfica, de almacenamiento o cualquier otro, sin previo y expreso permiso por escrito de los titulares de la propiedad intelectual y de la editorial.

No part of this publication may be reproduced, stored in a retrieval system or transmitted in any form or by any means, electronic, mechanical, photocopying, recording or otherwise, without the prior and express written permission of the owners of the intellectual property rights and of the publishers.

Plan Selva fue impreso y encuadernado en agosto de 2024 en Artron Art Printing Ltd., en China. Fue impreso en papel UPM Wood free de 120 g. Para su composición se utilizó la familia tipográfica Akzidenz Grotesk. El tiraje consta de 1 200 ejemplares.

Plan Selva was printed and bound in August 2024 by Artron Art Printing Ltd., in China. It was printed on 120 g UPM Wood free paper and set in typefaces of the Akzidenz Grotesk family. The print run was 1,200 copies.